INUZORI TANKENKA GA MITA! FUSHIGI NA HOKKYOKU NO SEKAI by
Tetsuhide Yamasaki Copyright © 2018 repicbook Inc.
All rights reserved.
Original Japanese edition published by repicbook Inc.

Korean translation © 2021 by BOOK BANK Publishing Co., Ltd.
This Korean edition Published by arrangement with repicbook Inc., Saitama,
through HonnoKizuna, Inc., Tokyo, and JM Contents Agency Co.(JMCA), Seoul

이 책의 한국어판 저작권은 JMCA를 통한 repicbook Inc.와의 독점 계약으로 북뱅크 출판사
에 있습니다. 저작권법에 의해 한국 내에서 보호를 받는 저작물이므로 무단전재와 무단복제
를 금합니다.

개썰매 탐험가가 들려주는 신비로운 북극 세계

빙하에 가 본 적 있나요?

북뱅크

시작하는 말

북극에 가본 적 있는 사람?
이 질문에 "네!"라고 대답할 수 있는 사람은 많지 않을 거예요.
저는 북극에 가본 적이 있는 몇 안 되는 사람 가운데 하나랍니다.
그뿐 아니라 한 해에도 몇 달씩 개썰매를 타고 달리며 바다표범 고기를
먹는 생활을 하고 있지요.

북극이라는 말을 들으면 여러분은 무엇이 떠오르나요?
눈과 얼음? 북극곰? 아니면 펭귄?
잘 모르겠다는 생각이 드는 사람도 많을 거예요.

사실 북극은 정말 멋진 곳이에요.

이 책에서는 제가 겪은 북극의 자연과 생물, 세계에서 가장 북쪽에 있는 마을에 사는 사람들의 삶을 소개했습니다.

환경 이야기처럼 어려운 내용도 담았어요.
지금은 쓰인 것을 다 이해하지 못해도, 어른이 되었을 때 다시 한번 읽어준다면 기쁠 거예요.

처음부터 순서대로 읽을 필요는 없답니다.
마음에 드는 곳, 흥미 있는 곳부터 읽어보세요.
분명 그곳에서부터 북극의 영상이 펼쳐질 거예요.

그럼 이제부터 여러분을 '신비로운 북극 세계'로 안내하겠습니다.

야마사키 데쓰히데

차 례

1장 북극과 남극의 차이점
북극과 남극 중 어디가 더 추울까? … 12
북극은 육지? 바다? … 14
북극에 사는 건 펭귄?
아니면 백곰? … 16
바다표범과 바다사자와 바다코끼리 중
북극에 사는 건 누구? … 18
북극은 어느 나라 땅?
남극은 어느 나라 땅? … 21
사람은 살까? … 22

2장 영하 40도의 세계
영하 40도의 세계는 어떨까? … 26
오줌은 고드름처럼 얼까? … 27
북극의 화장실 사정 … 28
언 바나나로 못을 막을 수 있을까? … 30
북극에서는 차가운 금속을 만지면
안 된다는데 진짜일까? … 31
세계에서 가장 북쪽에 있는
마을은 어떨까? … 32
북극에도 여름이 있을까? … 33

3장 북극 동물들
북극에도 생명체가 살까? … 36
바다표범 … 38
바다표범은 얼음 밑에서 어떻게

북극 아이들 그림 : 집 주변 풍경

숨을 쉴까? ····················· 39
먹어본 적 있을까?
북극의 물고기·성게·게 ············· 40
북극에서도 혈기왕성한 파리와
까마귀 ······················ 41
북극토끼 ····················· 42
북극곰 ······················ 43
야광충 ······················ 44
상어와 가오리 ·················· 45

극야는 뭘까? ··················· 50
캄캄한 '극야'가 찾아오면
집에만 갇혀 지낼까? ··············· 51
북극에 가면 어디서나
오로라를 볼 수 있을까? ············· 52
별을 부르는 재미있는
이누이트 어(이누크이투트 어) ········ 53
오로라가 전부는 아니다.
신비로운 천체 현상 ··············· 54

4장 북극의 하늘
북극의 밤하늘은 우리나라와 다를까? 48
백야가 뭐지? ··················· 49

5장 북극의 음식
정말 생고기를 먹을까? ············· 58
이누이트 사람들은 생고기만 먹을까? 60

5

북극 아이들 그림 : 얼음 낚시를 하는 모습

이누이트 사람들은
생선도 날로 먹을까? ················ 61
키비악은 어떤 음식? ················ 62
아미리가 뭐지? ····················· 64
이누이트 사람들은 뜨거운 걸
진짜 못 먹을까? ····················· 65
북극에서는 고래를 먹을까? ········ 66
어떤 방식으로 밥을 먹을까? ········ 67
추운 곳에 사는 사람은 단 것을
좋아한다는데 진짜일까? ··········· 68
북극에도 우리가 아는 음식이
있을까? ······························ 70

6장 사냥법과 낚시법

사냥할 때는 어떤 도구를 쓸까? ······ 74
북극곰은 어떻게 사냥할까? ········· 75
바다표범은 어떻게 잡을까? ········· 76
낚시는 어떻게 할까? ················ 78
고래를 잡는 방법은? ················ 80
새는 어떻게 잡을까? ················ 81
북극 민화 – 각시바다쇠오리가 '숨바꼭질
대장'을 그물로 잡은 이야기 ········· 82

7장 개썰매 이야기

개썰매가 뭐지? ····················· 86
썰매를 끄는 건 허스키뿐일까? ······ 88
북극에서 사람과 개의 관계는? ······ 89

북극 아이들 그림 : 달밤에 개썰매로 노는 모습

개썰매용 썰매는 어떤 모양? ········ 90
썰매 끄는 개는 어떻게 기르고
있을까? ·························· 91
썰매 끄는 개는 힘이 얼마나 셀까? ···· 92
개와 썰매는 어떤 줄로 연결할까? ···· 93
개들은 어떻게 줄지어 설까? ········ 94
달리고 있을 때 개는
어떻게 볼일을 볼까? ··············· 95
개들에게 어떻게 지시를 내릴까? ····· 96
썰매를 끄는 개들은
십 안에서 살까? ··················· 98

8장 오늘날 북극의 삶

어떤 집에서 살까? ················· 102
어떤 종교를 믿을까? ··············· 103
학교가 있을까? ··················· 104
아이들은 뭐 하고 놀까? ············ 106
술도 마실까? ····················· 107
북극에도 병원이 있을까? ·········· 108
어떤 직업이 있을까? ··············· 110
우리나라 같은 가게가 있을까? ····· 112
어떤 난방 기구를 사용할까? ········ 114
물가는 높은 편? 낮은 편? ·········· 115
북극으로는 어떻게 물건을
싣고 갈까? ······················· 116
북극은 거의 바다니까
물은 충분하다고? ················· 118

북극 아이들 그림 : 보트로 사냥감을 쫓는 모습

전기는 있을까? ················· 120
빨래를 밖에 널 수 있을까? ········ 122
인터넷은 사용할 수 있을까? ······ 124
북극 관광을 하러 갈 수 있을까? ···· 126
북극 인구는 늘어나고 있을까?
줄어들고 있을까? ··············· 127
북극 지역과 지구 온난화 ········· 128
몸으로 느끼는 북극 온난화 ········ 130
북극 쓰레기 문제 ··············· 131

9장 북극의 역사와 전통적인 삶

왜 사람들은 북극으로 갔을까? ····· 134
북극 탐험은 어떻게 이뤄졌을까? ···· 136
북극에는 언제부터 사람이 살기
시작했을까? ··················· 138
북극에서는 어떤 말을 쓸까? ······· 139
무덤이 있나? ··················· 140
어떤 신을 믿을까? ··············· 141
어떤 전통 악기가 있을까? ········· 142
난로가 없던 시절에는 어떻게 방 안을
따뜻하게 했을까? ··············· 143
왜 선글라스를 쓸까? ············· 144
옛날 북극 사람들은 일 년 내내
이글루에 살았을까? ············· 146
정말 땅을 파서 집을 지었나? ······ 147
옛날엔 어떤 차림새를 했을까? ····· 148
옛날 어린이들은 어떤 놀이를 하고
놀았을까? ····················· 150

북극 아이들 그림 : 백야에 개썰매로 외출하는 모습

옛날 사람들도 텐트를 썼나? ……… 151
사람들은 어떻게 서로 어울려
지낼까? …………………………… 152

10장 개썰매 탐험가는 어떤 사람?
북극에 가기 전에는 무슨 일을
했어요? ……………………………… 154
개썰매로 돈을 벌 수 있어요? ……… 155
가족은 어떻게 지내요? …………… 156

맺음말 ………………………………… 158

편집 협력 데즈카 요시코
일러스트 치요야 아이미
    P12, P14~19, P21, P26, P27, P29, P31, P36~39, P42, P45, P49, P63, P65, P68, P75, P77
    P82, P87, P136, P137, P139

    시바사나
    P20, P28, P30, P44, P48, P58, P62, P69, P76, P80, P81, P94, P95, P105, P107, P108
    P109, P111, P122, P124, P126, P138, P140, P143, P145, P152

    하야시 아유미
    P13, P60, P64, P71, P74, P83, P102, P103, P134, P135, P149

북극과 남극은 정반대에 있어.
어떤 점이 다를까?

1 북극과 남극의 차이점

북극과 남극 중 어디가 더 추울까?

북극 평균 기온은
-20~-30도

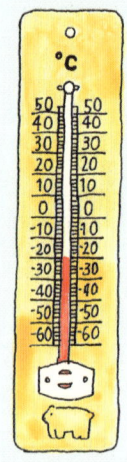
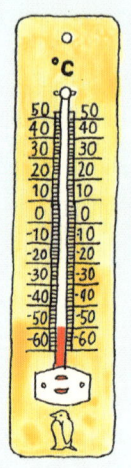

남극 평균 기온은
-50~-60도

딱 잘라 말해 남극이 압도적으로 춥습니다.

기록을 보면 남극 최저 기온은 영하 89.2도이고, 북극 최저 기온은 영하 79.2도에요. 평균 기온을 봐도 남극은 영하 50~60도이고, 북극은 영하 20~30도 정도지요. 해수면에서 지면까지의 높이, 표고가 다르기 때문이에요. 15페이지에서 자세히 설명할게요.

저는 겨울에만 북극에서 지내요. 겨울을 북극에서 보내고 여름이 되어 집으로 돌아가면 기온 차는 70도 이상이에요. 우리나라 여름과 북극 겨울은 이렇게나 온도가 다르지요. 그 탓에 여름이 되면 끊임없이 땀이 흐르는 여름에 약한 체질이 되었어요.

개썰매 탐험가 야마사키 아저씨에게 물어보자!
북극에 관한 토막 상식을 퀴즈 형식으로 정리했습니다.

북극과 남극의 차이점

지구는 둥글기 때문에 남극과 북극에는 태양 빛이 비스듬히 들어온다.

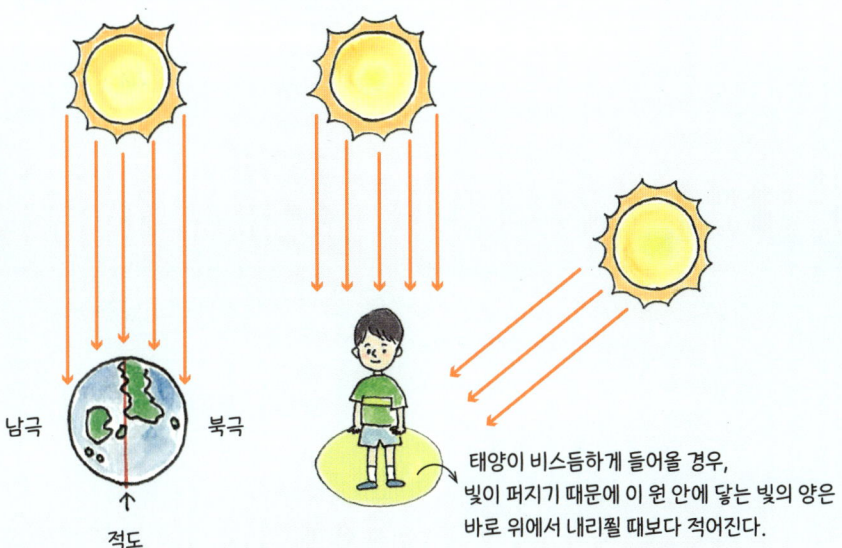

태양이 비스듬하게 들어올 경우, 빛이 퍼지기 때문에 이 원 안에 닿는 빛의 양은 바로 위에서 내리쬘 때보다 적어진다.

 이렇듯 북극과 남극 사이에는 온도 차가 있지만, 우리나라에 비하면 둘 다 추운 지역이에요. 그렇다면 북극과 남극은 왜 추운 걸까요?
 간단히 말하면 태양빛이 비스듬히 닿는 위치에 있기 때문이에요.
 둥근 공 모양을 한 지구는 하루에 한 바퀴 회전합니다. 태양 빛이 바로 위에서 내리쬐는 적도 부근은 따뜻하지만, 지구의 양 끝으로 갈수록 태양 빛이 비스듬히 들어오기 때문에 추워지게 되지요.
 난로 정면이 가장 따뜻한 것과 같은 이치랍니다.
 또 지구가 살짝 기울어져 있는 탓에 지구 양 끝에 있는 북극과 남극은 겨울이 되면 태양 빛이 거의 닿지 않는 위치로 가게 됩니다.
 나중에 설명하겠지만, 겨울을 맞이한 북극과 남극에는 태양이 하루 종일 떠오르지 않는 극야가 이어지지요.

【질문1】
북극에도 산타 할아버지가 있나요?

북극은 육지? 바다?

해빙이 떠 있는 북극은 대부분 바다로 이뤄져 있다. 그래서 표고는 낮다.

"북극이나 남극이나 모두 큰 얼음덩어리 아니야?" "북극과 남극은 둘 다 육지지." 이런 식으로 북극과 남극을 함께 묶어 상상하는 사람이 많은 듯하지만, 둘 사이에는 큰 차이가 있답니다.

북극에는 북극점(북위 90도)을 중심으로 북극해가 펼쳐져 있어요. 또 바다가 얼어서 생긴 해빙으로 덮여 있어서 갈라진 틈이 강처럼 변한 곳도 있고 울퉁불퉁한 얼음이 산처럼 변한 곳도 있지요.
얼음 두께는 겨울에는 1~3미터 정도지만 여름이 되면 얇아집니다. 요즘에는 지구온난화 영향으로 여름에 녹는 면적이 커지고 있어요.

【답변1】
북극권 안에 있는 로바니에미 시(핀란드)에는 '산타클로스 마을'이 있어요. 거기라면 일 년 내내 산타클로스를 만날 수 있죠!

북극과 남극의 차이점

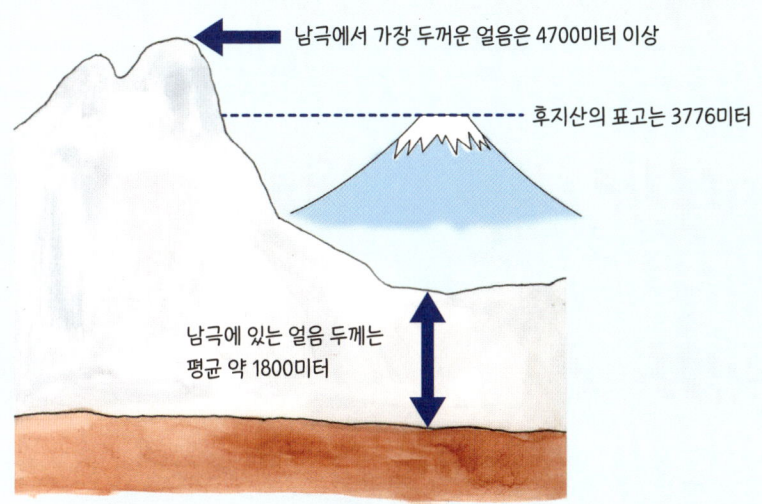

　남극 대륙이라고도 불리는 남극은 남극점(남위 90도)을 중심으로 한 육지이며, 일본의 약 37배에 달하는 면적입니다.(※ 한반도 면적이 220,847km²인데 북극 면적이 약 2,500만~3,000만㎢이니 얼마나 넓은지 알 수 있겠지요.)
　70만 년 이상 옛날부터 쌓여온 눈이 몇 천 미터에 이르는 얼음이 되어 남극 대륙을 덮고 있기 때문에 표고는 굉장히 높아요.
　바로 이 표고 차가 북극과 남극의 기온 차로 이어지는 거예요. 표고가 높은 산에 오르면 기온이 떨어지는 것과 같은 이치지요. 남극 얼음은 평균 약 1800미터의 두께에 달하기 때문에 남극은 북극보다 표고가 높습니다. 그래서 남극이 북극보다 기온이 낮은 거예요.
　또 육지가 바다보다 쉽게 차가워진다는 특징도 영향을 미치고 있답니다.

【질문2】
북극에서 야생동물이 습격해온 적 있나요?

북극에 사는 건 펭귄?
아니면 백곰?

북극곰

 펭귄은 남극 지방을 포함한 남반구 지역에 살고 있지만, 백곰은 북극 지방에만 살아요.

 백곰의 정식 명칭은 '북극곰'입니다. 만약 펭귄과 백곰이 같은 장소에 산다면……. 백곰이 펭귄을 모두 먹어 치울지도 몰라요.

 '펭귄'이라고 불리던 바닷새 큰바다쇠오리가 옛날 북극 지방에 살고 있었습니다. 큰바다쇠오리는 사람을 보고도 도망치지 않아서 식용으로 많이 사냥 당했어요. 그 바람에 19세기 초기에 수가 급격히 줄었지요. 게다가 얼마 남지 않은 큰바다쇠오리들이 살던 바위 밭도 해저 화산의 분화로 사라져 버렸습니다.

【답변2】
몇 번이나 북극곰에게 습격당했어요. 개와 라이플이 있었으니 다행이지, 없었다면 지금쯤 저는 북극곰 배 속에 있을 거예요.

> 북극과 남극의 차이점

황제펭귄

　1844년, 남아 있던 두 마리가 죽임을 당하며 큰바다쇠오리는 멸종하고 말았어요.
　그 후 큰바다쇠오리와 생태가 비슷한 바닷새가 남극에서 발견되며 그 새를 '펭귄'이라고 부르게 되었답니다. 이 펭귄이 오늘날 우리가 수족관에서 자주 보는 펭귄이에요.
　'북극의 아이스 캔디'라는 유명한 아이스크림이 있는데요, 그 아이스크림 캐릭터가 다름 아닌 펭귄이에요. 일부러 펭귄을 그린 건가? 그림을 생각한 사람이 착각한 건가? '북극의 아이스캔디'를 먹을 때마다 궁금해서 견딜 수 없답니다.

【질문3】
수족관에 있는 백곰이 가끔 녹색 곰이 된다는 건 정말인가요?

바다표범과 바다사자와 바다코끼리 중 북극에 사는 건 누구?

엄니가 있으면 바다코끼리.
북극에만 산다.

　이 세 동물은 모두 '기각류'라고 해요. 발 대신 지느러미가 달린 동물이지요. 북극에는 바다표범과 바다코끼리, 남극에는 바다표범과 바다사자 과에 속하는 물개가 삽니다. 바다사자 과라는 것은 바다사자의 친구라는 뜻이에요.
　수족관에서 공연을 펼치는 물개는 북극도 남극도 아닌 미국 캘리포니아 연안처럼 따뜻한 바다에 사는 종류입니다. 흔하진 않지만, 오타리아도 따뜻한 바다에 사는 바다사자의 친구지요.
　큰바다사자도 이 무리에 속하고요. 꽤 복잡하네요.
　그중에서 가장 알기 쉬운 것은 바다코끼리예요. 암컷 수컷 모두 엄니가 있거든요.

【답변3】
정말입니다. 북극곰 털은 속이 비어 있는 빨대 구조라서 해초류가 속으로 들어가 살기 시작하면 녹색으로 보이기도 해요. 북극보다 수족관이 따뜻하기 때문일지도 몰라요.

북극과 남극의 차이점

귀가 있고 앞발로 걷는 바다사자는 북극에서도 남극에서도 살고 있다.

귀도 없고 앞발로 걷지 못하는 바다표범 역시 북극과 남극 양쪽에 산다.

　바다사자 과 동물은 앞다리로 몸을 일으켜 세워서 서 있을 수 있답니다. 그런 이유로 공연도 할 수 있지요. 겉으로 봐서 확실히 알 수 있는 특징은 귓바퀴가 붙어 있다는 거예요.
　바다표범과 동물은 앞다리로 설 수 없어요. 육지에서는 배로 기어 다니지요. 또 귀는 귓바퀴 없이 구멍만 뚫려 있을 뿐이라 겉으로 드러나는 귀는 없습니다.
　바다표범은 북극에서도 남극에서도 살지만, 사는 곳에 따라 행동이 완전히 다르답니다. 북극에 사는 바다표범은 사람이 있다는 것을 알아차리면 100미터쯤 떨어져 있어도 스르륵 도망가서 얼음 구멍 안으로 사라져 버려요.

【질문4】
북극에서 해달을 본 적 있어요?

　인간도 북극곰과 마찬가지로 바다표범을 잡아먹는 천적임을 알기 때문이지요.
　하지만 남극에는 남극 조약이라는 규칙이 있으므로 연구 이외의 목적을 가지고 바다표범 옆 15미터 이상 다가갈 수 없습니다. 펭귄도 5미터 이상 다가가면 안 돼요. 잡아먹는 건 있을 수도 없는 일이고요. 그렇기 때문에 남극에 사는 바다표범은 사람이 함께 낮잠을 잘 수 있을 만큼 가까이 가도 도망가지 않습니다.
　오히려 동물이 인간에게 다가오기 때문에 남극조약으로 정해진 거리를 지키기 위해서 사람이 당황하며 도망쳤다는 이야기가 있을 정도랍니다.

【답변4】
해달도 추운 바다에서 사는 동물이지만 북극권보다는 남쪽에 살기 때문에 북극에서 본 적은 없습니다.

북극과 남극의 차이점

북극은 어느 나라 땅?
남극은 어느 나라 땅?

　북극해는 영토가 될 육지가 없는 공해라서 어떤 나라 땅도 아니에요.
　다만 북극권에서는 북극해를 둘러싼 덴마크, 캐나다, 미국, 러시아, 아이슬란드, 노르웨이, 핀란드, 스웨덴 등 여덟 개 나라가 각각 영토를 관리하고 있습니다. 북극권이란 북위 66도 33분 위도선보다 북쪽 지역을 가리키는 말이에요.(그림의 빨간 점선 안쪽)
　한편 남극은 남극 조약에서 정한 대로 어느 나라 땅도 아니랍니다. 그 대신 세계 각국이 세운 많은 관측 기지에서 연구자들이 생활하고 있지요.
　일본이 세운 관측기지는 현재 쇼와기지와 돔후지기지 두 곳이에요. 한국이 세운 관측기지는 '남극세종과학기지'와 '남극장보고과학기지' 두 곳이고요.

【질문5】
북극까지 가려면 비행기 요금은 얼마나 드나요?

사람은 살까?

이누이트 족 어린이들

　북극에는 몇 천 년 전부터 사람이 살았지만, 남극에는 도시도 마을도 없습니다. 관측 기지 말고는 사람이 살지 않아요.
　북극에 사는 사람들을 예전에는 '에스키모'라고 불렀어요. 하지만 1980년대에 들어설 무렵, 이 호칭은 '생고기를 먹는 야만족'이라는 의미가 있는 차별적인 말이라는 설이 널리 퍼지면서 '이누이트'라는 새로운 호칭을 많이 쓰게 되었답니다.
　저도 예전에는 '이누이트'라고 불렀어요. 그런데 나중에 발표된 민족학자의 연구에 따르면 '에스키모'라는 말은 '설피(눈 위를 걸을 때 눈에 빠지지 않도록 신발 바닥에 대는 넓적한 덧신)를 얽다'라는 뜻에서 나왔는데 무슨 이유에선지 시간이 흐르며 왜곡되었다고도 해요.

【답변5】
2018년 현재 일본에서 그린란드 북서부 지방으로 가는 비행기 표는 가장 싼 것도 왕복 500만 원은 들어요. 많이 갈아타야 해서 가는 데만 사흘씩 걸린답니다.

북극과 남극의 차이점

이누이트 족 노부부

　이미 '이누이트'라는 말이 널리 쓰이고 있어서 예전처럼 '에스키모'라고 부르긴 힘들 것 같아요. 하지만 '에스키모'가 차별적인 말이 아니라는 것은 꼭 기억해 주세요. 실제로 북극에는 "나는 에스키모야"라고 자신을 소개하는 사람도 있거든요.

　그린란드 사람들은 공식적으로 자기들을 '칼라아릿(Kalaallit : 그린 란드 인)'이라고 부릅니다. 그러니까 '칼라아릿'이 정답일지도 몰라요.
　이 책에서는 모두에게 친숙한 '이누이트'를 사용하고 있어요.

[질문6] ···
에스키모랑 이누이트. 결국 뭐라고 불러야 해요?

오줌은 얼어? 바나나로 못을 박을 수 있어? 상상을 뛰어넘는 영하 40도의 세계는 어떤 곳일까?

영하 40도의 세계

2

영하 40도의 세계는 어떨까?

남아 있던 뜨거운 물이
꽝꽝 얼었어!

영하 40도의 세계에서는 춥다 못해 피부가 아릿아릿하게 아파요. 코로 숨을 들이쉬면 코털이 한 가닥씩 어는 것처럼 찡해지지요. 참고로 제가 경험한 북극의 최저 기온은 영하 48도였답니다.

외출할 때는 따뜻한 커피나 차를 마실 때 쓸 물통을 가지고 다녀요. 안이 유리로 되어 있는 옛날식 보온병은 얼면 유리에 금이 가서 스테인리 스제를 사용하지요.

북극 공기 속에서 보온병 속 뜨거운 물은 7, 8시간 정도 온기를 유지 하지만, 시간이 흐르면 점점 차가워집니다. 보온병을 넣어둔 가방을 깜박 밖에 두었다가 다음날 뚜껑을 열어 보니 안에 있던 온수가 꽝꽝 얼어 버린 경험도 있어요.

【답변6】
같은 인류로서 존중하는 마음이 있다면 이누이트라고 불러도 좋고, 에스키모라고 불러도 좋다고 생각해요.

영하 40도의 세계

오줌은 고드름처럼 얼까?

　만화에서는 그렇게 그려지기도 하지만 유언비어예요. 즉, 근거 없는 생각입니다.
　이제까지 몇 번이나 영하 30도 이하의 기온 속에서 오줌을 누어 봤지만, 그 순간 고드름처럼 어는 경험은 해보지 못했어요. 오줌도 열을 가지고 있어 따뜻하거든요.
　물론 통에 넣은 물을 영하 30도, 40도까지 떨어진 바깥에 30분만 두면 물 표면이 얇게 얼고, 꽝꽝 언 땅 위에 물을 뿌리면 차게 식은 땅 온도도 영향을 미쳐 순식간에 얼어붙는답니다.

【질문7】
보온병이 없었을 때는 어떻게 뜨거운 물을 마셨어요?

27

북극의 화장실 사정

날씨 좋고 바람이 따뜻한 날이면 드넓은 빙원에서 당당히 볼일을 보는 것이 쾌적하지만, 바람이 강한 날에는 텐트 뒤에 숨어서 해결합니다.

따뜻한 코트와 장갑을 끼고 있다가도 꼭 맨살을 드러내야 하는 장소가 있습니다. 화장실이지요.

개썰매에는 집 같은 화장실이 없어요. 얼음 위에도 공중화장실은 없답니다. 영하 3.49도의 얼어붙을 것 같은 추위 속에서 볼일을 봐야 하지요. 느긋하게 책이라도 읽다간 엉덩이가 동상(너무 추워서 살갗이 얼어서 다치는 일)에 걸릴 거예요.

똥은 단숨에 누는 것이 비결입니다. 사실 이건 제 특기예요. 정확한 시간을 재본 적은 없지만 30초도 안 걸릴걸요? 물론 볼일을 본 후에는 되도록 빨리 엉덩이를 가립니다. 그래도 너무 추워서 엉덩이가 얼얼 하지요. 참고로 휴지는 하루에 쓸 양을 잘 계산해서 가지고 다닌답니다.

【답변7】
얼음이나 눈을 녹여 만든 물을 끓이며 쉬었습니다. 휴식 시간이 길어서 개들은 그때가 더 좋았을지도 몰라요.

영하 40도의 세계

눈 위에 특이한 모양을 한 검은 덩어리가 덜렁 떨어져 있어서 "뭘까?" 하며 장갑 낀 손으로 집어 올려서 보니 꽁꽁 언 개똥이었던 경험도 있습니다.

저뿐 아니라 썰매를 끄는 개들도 밖에서 볼일을 봅니다. 개를 묶어둔 곳에는 똥이 데굴데굴 굴러다니는데요. 극한의 겨울에선 똥도 꽁꽁 얼어붙어요. 치우려 해도 바닥에 달라붙어 움직이지 않지요.

발로 차도 꿈쩍하지 않습니다. 돌로 착각할 정도예요.

보통 개똥을 잘못 밟으면 "으악!" 하고 허둥댈 테지만, 꽁꽁 얼어붙어 있으면 의외로 아무렇지 않답니다.

하지만 봄이 되어 기온이 올라 똥이 녹기 시작하면 안심하는 것도 끝이에요. 공기가 건조해지는 여름이 오면 똥도 바싹 말라서 흙으로 돌아가지요.

【질문8】
북극에 사는 개도 아침저녁 두 번씩 산책하나요?

29

언 바나나로 못을 박을 수 있을까?

북극에 다닌 지 얼마 안 되었을 무렵 실제로 확인해 보았어요.

마을 가게에서 구한 바나나를 밖에서 꽁꽁 얼린 후 단단해진 바나나로 나무판에 못을 탕탕 박아 보니…….

정말 돌처럼 얼어붙은 바나나로 못을 '약간' 박아 넣을 수 있었습니다. 하지만 다섯 번 정도 두드리자 바나나는 부서져 버렸어요.

단단한 나무판에 세게 못을 박는 충격을 언 바나나가 감당하지 못했던 거예요.

예전에 언 바나나로 못을 박는 TV 광고가 있었는데, 아마 상당히 무른 나무에 박은 게 아닐까 싶어요.

【답변8】
산책 대신 개썰매를 끌기 때문에 하루에 두 번씩 산책하진 않아요.

영하 40도의 세계

북극에서는 차가운 금속을 만지면 안 된다는데 진짜일까?

차게 식은 숟가락 때문에 순식간에 얼어붙은 침이 순간접착제 역할을 해서 달라붙는 것.

진짜예요.

영하 40도의 세계는 아주 위험한 세계이기도 합니다. 특히 젖은 손으로 차가운 금속을 직접 만지면 손이 금속에 달라붙어 버려요. 저도 쓰라린 경험을 한 적이 있어요.

개썰매로 이동하던 중 썰매를 멈추고 "자, 휴식 시간이다. 커피나 한잔하자."라며 설탕을 저으려고 꺼낸 금속 수저를 입에 문 순간, 차갑게 얼어붙은 숟가락이 혀에 달라붙어 버린 거예요.

놀란 나머지 황급히 잡아떼는 바람에 혀의 껍질도 함께 떨어져 나갔습니다. 얼마나 아프던지……. 이럴 때는 따뜻한 곳으로 가든가, 적어도 체온으로 덥힌 후 떼어야 합니다. 여러분도 주의하세요.

【질문9】
북극이 등장하는 유명한 이야기가 있어요?

세계에서 가장 북쪽에 있는 마을은 어딜까?

　세계의 북쪽 끝 마을은 그린란드 북서부, 북위 75도에서 80도 사이에 펼쳐진 '아반나소아(북쪽의 끝)'라고 불리는 곳입니다.
　이 지역은 현재 카나크, 케케타, 시오라팔루크, 사비시빅 등 네 개의 마을로 이뤄져 있어요. 엄밀히 말하면 시오라팔루크가 세계에서 가장 북쪽에 있는 원주민 마을이에요.
　이 책에서 소개하는 이야기 대부분은 제가 '북쪽의 끝'을 30년간 다니며 경험한 것이지요.
　덤으로 말하면, 아반나소아보다 더 북쪽, 노르웨이 스피츠베르겐 제도(북위 79도)에 연구자를 위한 조사 및 관측 시설이 있습니다. 생활하는 평범한 공간은 아니라 마을이라고 할 순 없지요.

【답변9】
안데르센 동화 『눈의 여왕』이 유명해요. 이야기에 등장하는 여왕의 성이 스피츠베르겐 제도에 있는 설정이라고 하네요.

영하 40도의 세계

북극에도 여름이 있을까?

라플란드 진달래

돌매화나무

황새풀

이끼

　북극 지방에도 여름이 있어요.

　겨울에는 기온이 영하 30~40도까지 내려가지만, 여름에는 영상 5~10도까지 오르는 곳도 있습니다. 요즘에는 기후 변화의 영향으로 진눈깨비나 잔 눈발이 아닌 비가 내릴 때도 종종 있고요. 태양이 높이 비치는 따뜻한 날은 마치 한국이나 일본의 봄처럼 느껴지지요. 또 눈이 녹는 7~8월 무렵에는 북극에도 꽃과 풀이 무성히 자란답니다.

　여름에도 시원한 고지에서 볼 수 있는 고산 식물들이지요. 분홍바늘꽃, 캄파눌라, 황새풀, 라플란드 진달래나 돌매화나무 등 다채로운 식물을 볼 수 있어요. 그 밖에도 월귤, 무당버섯, 버드나무, 이끼 등을 관찰할 수 있어요. 땅이 얼어붙은 겨울 동안 식물은 눈 아래서 가만히 여름을 기다리고 있던 거예요.

【질문10】
북극곰은 누구나 잡을 수 있나요?

3 북극 동물들

육지부터 바다까지 다양한 동물이 살고 있는 북극. 생태계의 정점에는 북극곰이 있습니다.

북극에도 생명체가 살까?

매 각시바다쇠오리 흰올빼미

    북극에는 바다에도 육지에도 많은 생명체가 살고 있어요. 예상과 다르지요?
    저도 예전에는 '북극은 누가 살지도 않는 쓸쓸한 세계일 거야'라고 생각했어요. 하지만 북극에 다녀오자 그 생각은 완전히 바뀌었지요.

    북극 지방에는 동물의 왕 북극곰(백곰)을 비롯해 순록(카리부), 사향소, 여우, 토끼, 늑대 등이 살고 있습니다. 바다에는 바다코끼리, 바다표범, 고래 같은 바다 동물과 다양한 물고기가 살고요.
    까마귀와 매는 겨울에도 하늘을 날아다닙니다. 계절이 바뀔 때마다 갈매기나 흰올빼미, 각시바다쇠오리 같은 철새가 새끼를 키우기 위해 찾아오기도 하지요.

【답변10】
외국인은 사냥할 수 없습니다. 그린란드에 사는 사람이어도 1년 동안 잡을 수 있는 수는 엄격히 정해져 있답니다.

북극 동물들

순록
북극여우
사향소

　물론 사람도 있습니다. 쉽게 잊곤 하지만 사람도 동물에 속하지요. 북극에서는 동물이 너무 늘어나거나 줄어들지 않게 사냥꾼이 적절히 사냥하고 있어요. 사람과 다른 생명체가 균형을 잃지 않고 함께 사는 세계이지요.
　다양한 생물들이 북극에서 살아 숨 쉬는 것을 보고 "북극은 정말로 생명력이 넘치는 세계구나!" 하고 놀랐던 것을 지금도 기억하고 있답니다.

　이 장에서는 대표적인 북극 생명체를 소개해 볼게요.

【질문11】
개썰매는 있는데 왜 고양이 썰매는 없어요?

바다표범

하프물범
고리무늬물범
턱수염바다물범

가장 맛있는 건
고리무늬물범!

북극에는 다양한 종류의 바다표범이 살고 있어요.
저의 활동 장소인 그린란드 북서부 지방에서 자주 보이는 바다표범은 크게 두 종류입니다.
첫 번째는 하프물범이에요. 회색 털에 검은 띠무늬가 있고, 물고기나 새우, 게를 먹지요. 몸길이는 1.5~2m에 달해요. 회색 털 전체에 거무스름한 고리 무늬가 펴져 있는 고리무늬물범은 작은 물고기나 대형 플랑크톤을 먹이로 삼습니다. 몸길이는 1~1.5m 정도예요.
그 밖에도 몸길이가 2~3m로 북극 지방에서 가장 큰 턱수염바다물범도 볼 수 있답니다. 우리에게 바다표범은 수족관에서 만나는 귀여운 생물이지만, 북극 지방에 사는 사람들에게는 귀중한 식량 중 하나예요. 이누이트가 일 년 동안 가장 많이 먹는 고기가 바로 바다표범 고기이지요.

【답변11】 ··
고양이는 힘을 합쳐 달리는 일에 어울리지 않아요. 하지만 북유럽 신화에 나오는 여신은 고양이가 끄는 마차를 탄다고 하니 혹시 여신이라면 몰 수 있을지도요?

북극 동물들

바다표범은 얼음 밑에서
어떻게 숨을 쉴까?

얼음 위를 걷다가 가끔 눈이 마주치면 가슴이 콩닥 뛰지요.

바다표범은 바닷속에서 생활하지만, 어류가 아닌 포유류예요. 파도 사이에 얼굴을 내밀고 사람처럼 폐로 호흡해야 하지요.

그럼 두꺼운 얼음이 바다 표면을 덮는 겨울에는 어떻게 숨을 쉴까요?

사실 얼음 곳곳에는 숨쉬기 구멍이 있답니다. 바다표범들이 모두 함께 그 구멍을 쓴다는 게 재미있어요. 겨울이 되어 바다 표면에 얇은 얼음이 생기기 시작할 무렵부터 모두 돌아가면서 같은 구멍으로 코끝을 내밀고 숨 쉰답니다. 그 덕분에 구멍이 얼지 않지요. 먹이 잡기 좋은 곳에는 얼음 두께가 1m를 넘어도 겨울 내내 구멍이 뚫려 있어요. 지도를 가지고 있는 것은 아닌데 어디 구멍이 뚫려 있는지 몸이 기억하는 모양이에요.

【질문12】
북극에도 들개가 있나요?

먹어본 적 있을까?
북극의 물고기·성게·게

가오리와 할리벗

할리벗은 회전 초밥집에서 광어 초밥으로 만날 수 있어

    차가운 북극 바닷물의 표면 온도는 일 년 내내 영하 1~2도 정도지만, 놀랄 만큼 다양한 어패류가 살고 있어요.
    대표적인 물고기로 할리벗이라고 하는 큰 넙치와 대구, 열빙어가 있습니다. 또, 얼음이 녹는 계절이 되면 북극 곤들매기가 연못과 호수에 알을 낳으러 온답니다. 상어나 가오리, 북쪽분홍새우, 성게, 조개류도 많이 살고 있지요.
    겨울에도 바다가 얼지 않는 따뜻한 그린란드 남부 지방에서는 일 년 내내 배를 사용한 어업이 활발히 이뤄집니다. 북쪽분홍새우처럼 우리나라에 수입되는 수산물도 있어요. 게 낚시와 성게 낚시도 이뤄지지만, 이누이트 사람들 사이에는 성게를 먹는 문화가 없어서 모두 수출하고 있습니다.

【답변12】
작은 마을에는 없지만 큰 마을로 가면 주인 모를 개가 어슬렁거리는 것을 자주 볼 수 있습니다.

북극 동물들

북극에서도 혈기왕성한
파리와 까마귀

크기는 보통 파리 두 배

날갯소리는 상당히 시끄러움

지구온난화의 영향으로 곤충의 몸속 시계가 이상해졌다고?

초겨울인 11월 하순 어느 깊은 밤. 그날은 바깥 기온이 0도까지 올라가서, 그 무렵 날씨로는 드물게도 따뜻한 날이었어요. 방에서 자고 있는데 날갯짓 소리가 들려왔어요. 불을 켜고 소리가 나는 쪽으로 시선을 돌리니 파리가 방 안을 날아다니고 있었지요.

눈과 얼음이 녹는 여름이면 북극에서도 파리를 볼 수 있어요.

그런데 곧 12월이 되려는 시기에 파리를 보다니 신기한 경험이었지요.

우리가 흔히 보는 것보다 한층 큰 까마귀가 쓰레기장에서 음식물 쓰레기를 뒤지고 있는 모습을 자주 마주친답니다. 썰매 위에 놓아둔 개 사료를 헤집어 먹은 적도 있고요. 우리나라에서 까마귀는 미움받는 존재이지만 이누이트 족 민화나 전설에서는 인기 캐릭터라 주인공으로 등장하는 이야기도 많은 모양이에요.

【질문13】
북극에서 '미확인 생명체'를 본 적 있어요?

북극토끼

몸도 똥도 한국이나 일본 토끼의 두 배 이상!

눈에 빠지지 않게 다리가 길어요

   북극 지방에는 야생 토끼가 있어요. 토끼라고 하니 어린아이도 안을 수 있는 귀여운 동물을 상상하겠지만, 북극에 사는 토끼는 몸길이가 50cm를 넘는 거대 토끼랍니다.
   너무 큰 나머지 처음 북극 토끼를 보았을 때는 "하얀 여우인가 봐!" 하고 착각했을 정도예요. 토끼만 그런 건 아니에요. 같은 종이면 추운 곳에 사는 쪽이 더 크다고 해요. 몸이 커야 체온을 유지하기 좋기 때문이지요.
   북극 토끼는 여름에는 풀과 꽃을 먹지만 겨울이 되면 눈을 파헤쳐서 이끼나 나무를 먹습니다.
   토끼는 귀중한 식량 중 하나이기도 해요. 닭고기 같은 맛이 나서 꽤 먹을 만하지요.

【답변13】
수수께끼의 거대 생물을 둘러싼 소문은 있지만 저는 보지 못했어요. 이누이트 족들은 옛날부터 케뷰트라는 괴물이 있다고 믿고 있답니다.

북극 동물들

상어와 가오리

사람도 먹어 버릴 거야~

그린란드 상어

　북극에서 낚시를 하다 보면 상어가 물고기와 함께 올라올 때가 있습니다. 저도 몇 번이나 상어를 낚았는데요. 모두 2~2.5m 정도의 크기였어요.
　북극에서 잡히는 상어는 '그린란드 상어'라는 종류입니다. 제가 낚았던 상어는 모두 얌전했지만 사람을 잡아먹기도 하는 난폭한 상어라고 해요. 장수하는 물고기라 400살 넘은 것이 발견되기도 하지요.
　50cm 정도 되는 가오리도 물고기와 함께 낚싯줄에 걸리곤 합니다. 왜 상어와 가오리를 함께 소개했냐고요? 이누이트 어로 상어는 '이카룩 호악'이고 가오리는 '이카룩호아누룩'이라고 부르기 때문이에요. '누룩'은 이누이트 어로 '신부'를 뜻합니다. 가오리가 '상어의 신부'라고 불리는 셈이네요.

【질문15】
수족관에서 인기 있는 '바다의 천사' 클리오네는 북극에 사는 생물이죠?

4 북극의 하늘

지구 북쪽 끝에서만 볼 수 있는
신비로운 자연현상을 소개합니다.

북극의 밤하늘은 우리나라와 다를까?

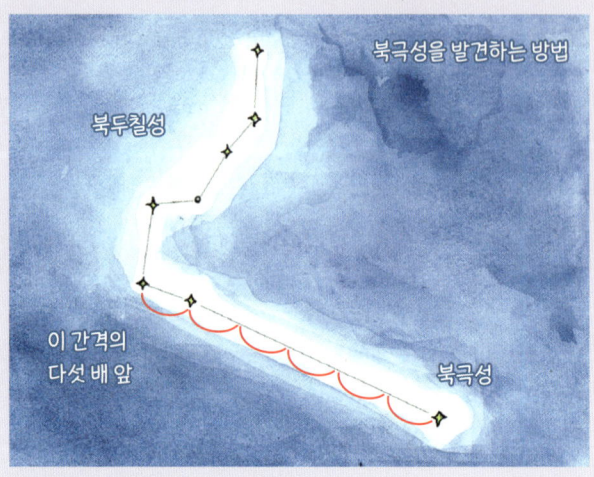

　별의 위치는 보는 사람이 있는 장소와 계절에 따라 크게 바뀌기 때문에 북극의 밤하늘은 우리나라와 상당히 다르답니다.
　별을 관찰하는 사람들이 기준으로 삼는 별 중 하나가 북극성이에요. 우리는 보통 북극성을 찾을 때 큰곰자리에 있는 북두칠성을 기준으로 합니다. 이렇게 발견한 북극성은 겨울이면 지평선에서 가까운 위치에서 반짝이지요.
　한편 위도가 높은 북극 지방에서는 굳이 북두칠성을 찾지 않아도 고개를 바로 들어 밤하늘을 올려다보기만 하면 쉽게 북극성을 찾을 수 있습니다.
　북극에는 별빛을 흐리는 전깃불도 적고 공기가 깨끗하기 때문에 하늘을 가득 채운 별이 손에 닿을 듯 가까운 곳에서 빛나는 것처럼 보인답니다.

【답변15】
클리오네는 북극 바다에 살고 있어요. 하지만 현지 사람들은 별로 흥미를 느끼지 못하나 봐요. 어쩌다 눈에 띄어도 "무슨 벌레가 있네?"라고 반응할 뿐입니다.

백야가 뭐지?

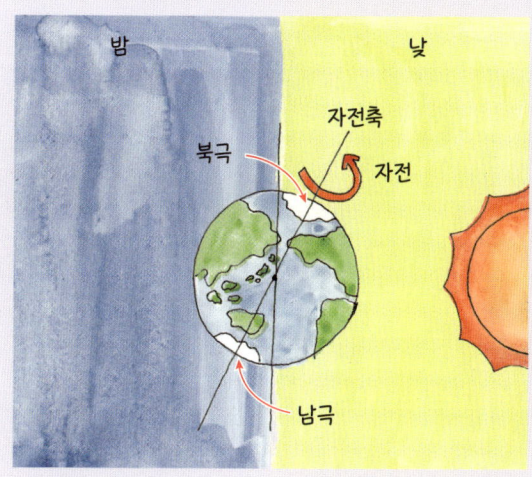

 간단히 말해 백야란 하루 종일 해가 지지 않는 현상입니다. 해가 지지 않기 때문에 밤이 없이 하루 내내 아침과 낮만 이어지지요.
 제가 머무는 세계에서 가장 북쪽에 있는 마을 시오라팔루크에서는 4월 중순부터 8월 중순까지 약 4개월 동안 밤 없이 밝은 날이 계속됩니다. 산처럼 울퉁불퉁한 지형이라면 그늘이 생기는 시간대가 있지만, 주위에 장애물이 없는 평평한 장소는 태양이 24시간 동안 얼굴을 내민 채 하늘을 한 바퀴 돌지요.
 백야 현상은 왜 일어날까요? 바로 지구의 자전축이 기울어져 있기 때문이에요. 백야가 일어나는 북위 66도 33분보다 북쪽에 있는 지방을 북극권, 남위 66도 33분보다 남쪽에 있는 지방을 남극권이라고 부릅니다.

【질문16】
북극에서 가장 감동 받은 순간은 언제인가요?

극야는 뭘까?

정오의 남쪽 하늘(동지)

극야는 백야와 반대되는 현상으로 하루 종일 태양이 뜨지 않는 것을 말해요.

시오라팔루크에서는 10월 중순 무렵 태양이 서쪽 하늘로 가라앉으면 다음에 태양이 뜨는 것은 2월 중순 무렵입니다. 약 4개월 동안 해를 볼 수 없지요.

12월 20일 이후 찾아오는 동짓날이 가장 어둡습니다. 그날은 점심 무렵에 남쪽 하늘이 어두운 오렌지색으로 조금 물들 뿐 곧바로 어둠에 휩싸이지요. 백야와 반대로 언제 일어나야 할지 까먹을 정도예요.

남극 지방에도 백야와 극야가 있습니다. 북극과는 정반대의 시기에 일어나서 북극이 백야일 때 남극은 극야, 북극이 극야일 때 남극은 백야이지요.

【답변16】
오로라나 무리해 같은 다양한 자연현상을 보았을 때입니다.

북극의 하늘

캄캄한 '극야'가 찾아오면 집에만 갇혀 지낼까?

극야의 보름달

그렇지 않아요.

해가 뜨지 않는 계절이어도 사냥꾼들은 사냥을 하고 개 썰매를 몬답니다.

극야가 찾아와 태양이 뜨지 않아도 달은 변함없이 떠오릅니다. 특히 보름달이 빛나는 날에는 달빛이 주변 수 킬로미터 앞까지 비추며 태양을 대신하지요.

옛날 사람들은 극야가 오면 달이 떠 있을 때 생활했어요. 자연의 빛을 이용해 극야 시기에도 야외 활동을 한 것이지요.

그렇지만 지금은 학교나 가게와 마찬가지로 사냥꾼들도 달과 상관없는 '시계의 시간'으로 활동하고 있어요.

【질문17】
탐험에 나설지 말지 고민한 적도 있나요?

북극에 가면 어디서나 오로라를 볼 수 있을까?

북극의 한가운데에서 본 오로라

밤하늘이 무지갯빛으로 빛나면서 마치 파도치는 것처럼 보이는 아름다운 자연 현상을 오로라라고 해요. 몇 분 만에 끝나기도 하고 몇 시간 동안 이어지기도 합니다. 북극 지역에서는 북극 정중앙보다 북극 가장자리에서 더 선명하고 아름다운 오로라를 관찰할 수 있어요. 오로라가 자주 나타나는 오로라대가 북극 가장자리에 있기 때문이지요.

북극보다는 알래스카나 캐나다 옐로나이프 주변이 오로라로 유명하답니다. 하지만 위도가 높다고 오로라를 볼 수 없다는 건 아니에요. 북위 78도에 가까운 고위도 지방에서도 색이 흐린 오로라를 볼 수 있습니다. 북극 지방에서 오로라가 활발히 움직일 때는 남극 지방에서도 오로라가 활동하고 있어요.

【답변17】
활동 중일 때 위험한 상황을 마주하게 되면 더 가야 할지 말아야 할지 망설여지지요. 하지만 북극에서 활동할지 말지 고민하지는 않는답니다.

북극의 하늘

별을 부르는 재미있는
이누이트 어(이누크이투트 어)

북극에서 본 혜성

    별은 이누이트 어(이누크이투트 어)로 '욱드가야'라고 해요. '혜성'은 '욱드가야파미우리'라고 하지요. '파미우리'는 '꼬리'라는 의미랍니다. '별에 꼬리가 달려 있다'라는 뜻이에요.

    '별똥별'은 이누이트 어(이누크이투트 어)로 '욱드가야아낙'이라고 합니다. '아낙'은 '똥'이라는 의미예요. 별똥별을 '별의 똥'이라고 표현하는 건데요, 달콤한 분위기는 티끌만큼도 담겨 있지 않네요.

    혜성은 보기 힘들지만, 별똥별은 놀랄 만큼 많이 볼 수 있답니다. 불꽃이 타닥타닥 흩날리고, 그 소리가 들릴 만큼 가까운 거리에서 별똥별을 본 적도 있어요. 밤에 고속 열차가 엄청난 속도로 달리며 전선에 불꽃을 튀기는 모습을 떠오르게 하는 시원스러운 별똥별이었지요.

【질문18】
추위를 견디는 특별 훈련을 하고 있나요?

오로라가 전부는 아니다.
신비로운 천체 현상

해기둥

　북극에서도 태양은 하늘 위에 아름다운 자연 현상을 만들어냅니다. 여기에서는 쉽게 볼 수 있는 '해기둥(sun pillar)', '무리(halo)', '무리해 (sun dog)' 세 가지 현상을 설명할게요.
　'해기둥'은 오렌지색 빛이 땅에서 하늘로 치솟듯 빛나는 현상입니다.
　'무리'는 태양 주위에 천사의 고리를 연상시키는 하얀 링이 생기는 현상이고요.
　마지막으로 '무리해'는 무리의 하얀 고리에 태양 같은 빛이 서너 개 나타나는 현상이에요.
　왜 이런 일이 일어날까요?

【답변18】
　북극에 다니기 시작한 스무 살 무렵에는 여름 겨울 가리지 않고 찬물로 목욕했습니다. 하지만 어느 순간 몸이 추위에 자연히 익숙해지는 것을 깨닫고 그만두었어요.

북극의 하늘

무리

무리해

　이러한 현상은 구름 속을 떠다니는 아주 작은 얼음 결정에 태양 빛이 닿아서 발생합니다.
　태양 빛이 어떤 방향에서 닿느냐에 따라 해기둥이 되기도 하고, 무리가 되기도 하고, 무리해가 되기도 하지요. 태양과 얼음 결정이 만들어 내는 종합 예술이라고 할까요?
　개썰매를 몰다가 이런 현상을 마주하면, 몇 번 보아도 역시 "아름답구나……." 하는 생각에 추위와 피로도 잊고 자기도 모르는 새 콧노래가 나온답니다.

【질문19】
개썰매로 이동하다가 시간을 잊어버리기도 하나요?

5 북극의 음식

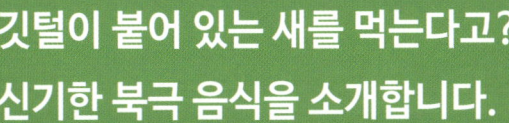
깃털이 붙어 있는 새를 먹는다고?
신기한 북극 음식을 소개합니다.

정말 생고기를 먹을까?

생고기에는 영양이 가득

옛날부터 이누이트 사람들은 동물을 잡아 그 고기를 날로 먹어왔어요. 북극에서 불을 지피려면 많은 노력이 필요한 데다, 날고기에도 영양이 풍부하게 들어있거든요.

사실 고기나 생선의 신선한 피에는 비타민을 비롯한 다양한 영양소가 들어있답니다. 그 영양소 대부분은 익히면 파괴되지요.

예를 들어 부족하면 괴혈병에 걸리는 비타민C는 열에 약하지요. 다른 지역이라면 채소나 과일을 먹어서 보충할 테지만 북극에서는 손에 넣기 쉽지 않아요. 몇 천 년 동안 북극에 살며 이누이트 족은 생고기로 영양을 보충할 수 있다는 지식을 얻었을 거예요.

어떤 고기든 잡자마자 날로 먹는 건 아니에요. 예를 들어 바다표범이나

【답변19】
시계를 자주 보지 않아서 몇 시인지 곧잘 까먹는답니다.

북극의 음식

사냥한 바다코끼리를 얼음 위로 끌어올리는 모습

평균 무게가 1톤을 넘는 바다코끼리는 어른 5~6명이 힘을 합쳐야 겨우 끌어올릴 수 있다.

바다코끼리의 경우 잡고 바로 먹어도 되는 부위는 '간'뿐이라고 하네요. 간이 기생충을 쫓아내는 장기라는 것을 이누이트 사람들은 몸으로 익혀 알고 있는 거예요.

한편 고기에는 기생충이 있어서 며칠 동안 확실히 냉동해서 기생충을 죽인 다음 익히지 않은 채 먹습니다.

다만 북극곰 간은 사람도 개도 먹지 않습니다. 비타민A가 너무 많아서 먹으면 오히려 건강을 해치기 때문이라고 하네요.

【질문20】
아저씨가 북극을 떠나는 동안 개들은 어떻게 지내나요?

이누이트 사람들은 생고기만 먹을까?

요리 비법은 소금물에 데치기?

　그렇지 않습니다. 불을 사용한 요리도 있어요. 다만 전통 요리는 간단히 만들 수 있는 것이 대부분이에요. '소금물에 데치기'가 가장 널리 쓰이는 요리법이지요. 실은 30년 가까이 북극을 다니며 구워 먹는 이누이트 족 요리는 본 적 없답니다.

　지금은 다양한 조미료와 식재료가 수입되고 있지만, 그전까지는 직접 잡은 사냥감이 식재료였고 조미료는 바닷물에서 얻은 소금이 전부였어요. 소금물에 데치는 요리가 많은 건 당연한지도 몰라요. 시간을 충분히 들여서 고기 전체를 익히는 요리도 있고, 고기 중심에 익지 않은 부분을 남기기도 하는 등 입맛에 맞게 데치는 시간을 조절한답니다.

　저도 다양한 북극 요리를 먹어 보았어요. 익힌 바다표범 고기는 맛이 고래 고기와 아주 비슷했답니다.

【답변20】
북극의 친구나 아는 분에게 맡깁니다. 물론 그동안 드는 사료비는 꼬박꼬박 보내지요.

북극의 음식

이누이트 사람들은 생선도 날로 먹을까?

카나요
낚이면 주위를 웃음바다로 만드는 개그맨

이카루악
할리벗 낚시의 미끼로도 사용해

    지금은 불을 사용한 요리법도 많아졌지만, 원래는 생선도 날로 먹었습니다. 그 습관이 아직 남아 있지요.
    날로 먹는다고는 하나 잡자마자 먹는 게 아니라 한 번 얼린 다음 먹는 경우가 많다고 해요. 이 역시 생선에 사는 기생충을 피하기 위한 지혜입니다.
    회로 먹지 않고 냉동해 보존했던 할리벗이나 북극 곤들매기를 식칼이나 나이프로 썰릴 정도로 녹여서 먹어요. 완전히 녹여서 먹어 보았는데 생선 살이 아주 기름진 탓에 제 입맛에는 반만 녹이는 편이 먹기 쉬웠어요.
    예전에는 소금 간만 했지만, 지금은 간장도 인기 있고 튜브에 든 고추냉이도 수입되고 있답니다.

【질문21】
북극에서 어떤 동물을 먹어 봤어요?

키비악은 어떤 음식?

세계 삼대 진미에 들기도 하는 '키비악'은 북극에서 유명한 발효 음식입니다. 재료는 제비만 한(15~20cm) 각시바다쇠오리예요. 만드는 데 적어도 2개월은 걸려요.

바다표범 가죽 주머니에 각시바다쇠오리를 채워 넣은 후 돌 속에 묻어둡니다. 여름 햇빛에 데워진 돌의 열로 발효시키면 완성이에요.

특이한 제조법이지요? 아주 먼 옛날, 여우 같은 동물이 먹지 못하게 하려고 돌 밑에 보관해 놓았던 게 우연히 이렇게 맛있는 발효 식품이 된 것 아닐까요? 겨울에는 언 채로 돌 밑에 보관하고, 먹고 싶을 때 파냅니다. 고래, 바다코끼리, 바다표범 고기도 같은 방법으로 발효시켜서 먹기도 해요.

자급자족하던 수렵 생활 시대에는 키비악을 포함한 이런 발효 식품을

【답변21】 ....
북극곰, 고래, 바다코끼리, 바다표범, 순록, 사향소, 토끼, 여우, 새와 물고기. 사냥꾼이 잡은 것을 나누어 받았습니다.

북극의 음식

개들은 키비악 냄새를
아주 좋아해요

집에서 자주 먹었어요. 하지만 최근에는 입에 맞지 않아 못 먹겠다는 젊은이들도 늘고 있다고 해요.

하지만 저는 아주 좋아한답니다. 북극에서 가장 좋아하는 것으로 꼽아도 될 정도로요. 깃털과 뼈를 빼면 내장이나 뇌까지 전부 먹습니다. 발효 식품 중에는 한국의 청국장이나 일본의 낫토처럼 냄새가 강렬한 것이 많은데, 키비약도 예외는 아닙니다. 세계에서 네 번째로 냄새가 지독한 음식으로 꼽히기도 했지요.

키비악이 손에 묻으면 며칠 동안은 냄새가 빠지지 않습니다. 하지만 썰매 개들은 이 냄새를 아주 좋아해요. 장갑을 껴도 냄새를 맡고 손을 핥으러 다가오지요.

【질문22】
처음부터 생고기를 먹을 수 있었어요?

아미리가 뭐지?

새에게 감사하는 마음으로 먹자!

소금으로 간해서 담백하고 맛있다

　키비악 재료인 각시바다쇠오리는 인기 있는 여름철 식재료 중 하나예요.

　자주 쓰는 요리법은 '소금물에 삶기'입니다. 막 잡아서 아직 깃털이 붙어 있는 각시바다쇠오리를 큰 냄비에 몇십 마리씩 넣어서 삶습니다. 이 요리를 아미리라고 해요. 아미리는 '깃털이 달려 있다'라는 뜻이에요. 이름을 보면 어떤 요리인지 알 수 있지요.

　한 시간 이상 뭉근히 삶은 후에 손으로 깃털을 제거해서 먹습니다. 뼈만 빼고 내장까지 전부 먹을 수 있어요. 고기 전체가 적당히 짭짤하고 텁텁한 기름 맛이 없어서 담백하고 맛있답니다.

　잡아서 바로 얼렸다가 겨울에 해 먹기도 하지만, 저는 뭐니 뭐니 해도 바로 잡아먹는 것을 좋아합니다.

【답변22】··
네! 저는 처음부터 생고기를 우적우적 먹을 수 있었어요. 오히려 이누이트 사람들이 깜짝 놀랐지요.

북극의 음식

이누이트 사람들은 뜨거운 걸 진짜 못 먹을까?

정말이에요.

제가 본 것만 따져 봐도 이누이트 사람들 중에는 뜨거운 것을 못 먹는 사람이 정말 많았어요. 어쩌면 예전부터 언 고기를 먹는 식습관이 있기 때문인지도 몰라요.

뜨거운 홍차나 커피에 얼음 조각을 넣어 온도를 낮춘 다음 마시거나, 삶은 고기나 수프를 일부러 밖에서 식힌 다음 먹는 광경을 보기도 합니다.

생활 습관이나 생활 환경의 영향으로 이런 체질이 만들어진 건지도 모르지요.

젊은 사람보다는 옛날 생활에 익숙한 고령자들 중에 많은 것 같아요.

【질문23】
채소 먹는 양이 모자라진 않나요?

북극에서는 고래를 먹을까?

닉쿠를 만들기 위해 고래 고기를 말리는 풍경

    이누이트 사람들도 고래 고기를 먹습니다.
    이제 하기 힘들어졌지만, 이누이트 사람들 식탁에서 고래 고기는 아직 사라지지 않았답니다. 인기 있는 고래 고기 요리법 두 가지를 알려줄게요.
    첫 번째는 '막탁'이라고 하는 고래 가죽 요리에요. 많이 얻을 수 없는 가죽은 최고급 식재료라 아이들 생일이나 경삿날에 꼭 먹지요. 지방이 오른 가죽을 날카로운 칼로 썰어서 생으로 먹습니다. 전복회처럼 꼬들꼬들한 식감이 있어요.
    두 번째 요리는 얇게 썬 붉은 살을 여름 햇빛에 말려 만드는 '닉쿠'라는 건고기입니다. 소고기 육포처럼 그대로 씹어 먹는 보존 식품이에요.

【답변23】
북극 지방에 있을 때는 채소를 많이 먹지 못해요. 영양이 부족하다고 몸으로 느낄 때도 있고요. 지금은 북극 주민들도 영양제를 먹는답니다.

북극의 음식

어떤 방식으로 밥을 먹을까?

식사 장면 : 가장 인기 있는 음식은 무난한 맛이 나는 순록 고기

옛날에는 잡은 사냥감을 나눠 갖는 전통이 있었어요. 가족뿐 아니라 마을 사람이 모두 모여 먹었지요.

마루 위를 떡하니 차지하고 있는 생고기와 생선을 둘러싸고서 각자 먹고 싶은 만큼 잘라서 먹었어요.

저도 북극에서는 바닥에 앉아 모두 함께 먹는 방식을 좋아한답니다. 요즘에는 가족끼리 식탁에 둘러앉아 먹지만 축하할 일이 생기면 모두 모여 식사할 때도 있어요.

북극 지방에도 가장 큰 거리에는 레스토랑이 있습니다. 하지만 작은 마을에는 레스토랑도 식당도 없어요. 시골에는 외식 문화도 없지요. 누구네 집에 가서 모두 함께 먹는 것이 '외식'인 셈이에요.

【질문24】
개들은 무얼 먹나요?

추운 곳에 사는 사람은 단 것을 좋아한다는데 진짜일까?

북극에 있으면 단 걸 먹고 싶어질까?

정말입니다. 북극 사람들은 단 것을 아주 좋아해요.

커피나 홍차에 넣는 어마어마한 설탕을 보고 있으면 깜짝 놀라지요. 10cc 계량스푼으로 네 번, 다섯 번 넣거든요. 처음 보았을 때는 "잘못 넣고 있는 것 아닐까?!"라고 놀랐습니다. 너무 많이 넣어서 저어도 녹지 않아요. 과학적으로 말해 포화 상태인 거예요.

아이들도 단 과자를 보면 좋아서 어쩔 줄 모른답니다. 저는 원래 커피나 홍차에 설탕을 넣지 않는데, 이상하게도 겨울에 북극에 가면 몸이 자연스럽게 단 것을 원해서 설탕을 넣게 돼요. 추위 탓에 칼로리가 소모되기 때문이겠지요?

【답변24】
예전에는 사냥한 고기를 많이 먹었지만, 지금은 고칼로리 특제 사료를 먹을 때도 많습니다.

> 북극의 음식

음식 종류가 증가해서
비만도 증가 중

　처음으로 그린란드 북서부 지방을 방문했던 1990년 무렵에는 커피나 홍차에 설탕을 엄청나게 넣어도 살이 찐 사람은 그다지 보지 못했던 기억이 있습니다.
　하지만 지금은 북극에도 다양한 외국 음식이 들어왔어요.
　피자 같은 고칼로리 패스트푸드도 자주 먹고요. 게다가 옛날처럼 사냥하며 몸을 움직이는 일도 거의 없어졌기 때문에 아이부터 어른까지 비만이 증가하고 있습니다.
　당뇨병 같은 현대병을 앓는 사람도 많아져서 정부가 건강 교육도 하고 있다고 하네요.

【질문25】
이누이트 사람들은 어떤 선물을 받으면 기뻐할까요?

북극에도 우리가 아는 음식이 있을까?

북쪽 끝 마을에도 초밥이! 게다가 냉동!!

　북극에도 우리에게 친숙한 음식이 있답니다.
　세계에서 가장 북쪽에 있는 마을에서는 간장이나 컵라면을 팔아요. 특히 간장은 아주 인기 있는 양념이라 지금은 모든 집에 다 있다고 해도 거짓말이 아니에요.
　컵라면은 뜨거운 물만 있으면 손쉽게 먹을 수 있으니까 개썰매로 이동할 때 가지고 다니는 사냥꾼도 있습니다.
　고추냉이와 구운 김도 가게에서 발견할 수 있어요. 냉동 초밥도 있고요. 녹여서 먹어봤더니 우리가 먹는 초밥과는 거리가 멀었습니다. 밥도 퍼석퍼석해서 '초밥을 흉내 낸 무언가'를 먹는 느낌이었어요.
　요즘에는 김밥을 만들 때 쓰는 김발도 살 수 있답니다. 북극 지방에서도 초밥이 유행하기 시작한 건지도 몰라요.

【답변25】
이제까지 주었던 것을 떠올려보면 남자는 작업용 장갑이나 야외 활동 용품, 여자는 튼튼한 수예용 실이나 화장품을 받았을 때 기뻐했답니다.

북극의 음식

 다른 이야기인데, 북극 사람들도 쌀을 사서 요리할 때가 있어요. 북극에서는 쌀이 자라지 않으니 전부 수입 쌀인 셈이지요.
 쌀에 바다표범이나 고래, 순록(칼리부)의 고기를 섞어서 조린 음식이 인기랍니다. 기본 간은 소금으로 맞춰요. 눈치가 빠른 친구는 "죽 같은데?"하고 생각했을 거예요. 이 요리는 '카유'라고 불린답니다.
 다른 하나는 쌀과 건포도를 함께 섞은 후 설탕으로 간해 조린 음식이에요. 이것도 보기에는 죽 같은데 달콤한 죽은 쉽게 익숙해지지 않았어요. 꼭 과자 같은 느낌이었지요.

【질문26】
북극이나 남극에서는 운석이 잘 발견된다는데 정말인가요?

6 사냥법과 낚시법

북극 사람들은 동물이나 물고기를 어떻게 사냥하며 살고 있을까요?

사냥할 때는 어떤 도구를 쓸까?

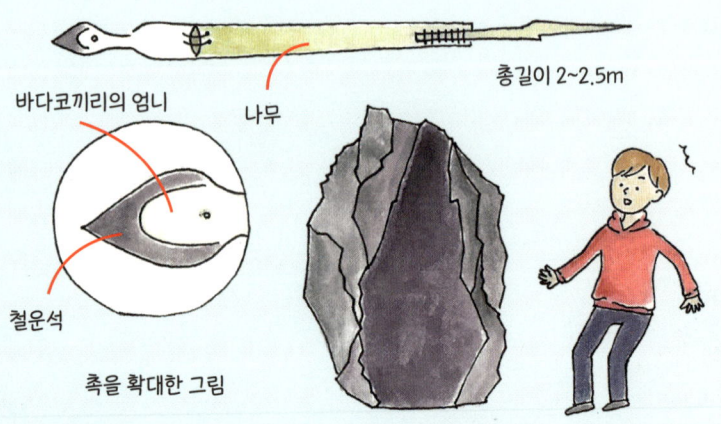

총길이 2~2.5m
바다코끼리의 엄니
나무
철운석
촉을 확대한 그림

옛날부터 이누이트 사냥꾼들은 작살에 동물 뼈나 뿔, 엄니로 만든 촉을 달아서 사냥 도구로 써왔어요.

철을 다루는 기술이 없던 먼 옛날에도 어떤 지역에서는 철제 도구를 사용했답니다. 신기하지요? 사실 그린란드 북서부 지방에 굴러다니던 사람 키만큼 큰 '단단한 덩어리'에서 떼어내 썼던 거예요.

그 단단한 덩어리는 철로 만들어진 운석, 즉 '철운석'이라는 물질입니다. 당시에는 철이라는 것을 모르고 사용했다고 해요.

그런데 1900년대 초에 배를 타고 미국에서 건너온 탐험대가 이 덩어리를 자기 나라로 가져가서 팔아 버렸습니다. 현지 주민들은 "우리들의 소중한 생활 자원인데." 하며 지금도 노발대발합니다.

【답변26】
정말이랍니다. 다만 북극이나 남극에 운석이 특히 많이 떨어지는 게 아니라 운석이 검은색이라 눈 위에서 잘 발견되는 것뿐이에요.

사냥법과 낚시법

북극곰은 어떻게 사냥할까?

개와 사람이 힘을 합쳐 마지막 일격을 가한다.

　개썰매로 북극곰을 몰아넣은 후 썰매에 묶여 있던 개 몇 마리를 풀어서 덮치게 합니다. 북극곰이 몸을 일으키면 이누이트가 총으로 일격을 가하지요. 예전부터 전해 내려온 북극곰 사냥법은 보통 이렇답니다.
　지금도 북극곰을 사냥할 때는 스노모빌을 사용해선 안 된답니다. 북극곰을 마구 잡지 못하게 하려는 거예요. 거대한 북극곰을 잡기 위해서는 예나 지금이나 개와 사람이 힘을 합쳐야 하는 것이지요.
　예전에 개썰매팀 대장견인 '키나리'가 온몸에 상처를 입고 돌아온 적이 있어요. 북극곰을 혼자서 쫓다가 한바탕 싸움이 벌어졌던 거예요! 혼자 싸움을 걸다니 목숨 소중한 줄 모른다고밖에 할 수 없었지요.

【질문27】
가게에서 파는 바다표범 고기는 얼마인가요?

바다표범은 어떻게 잡을까?

카무타앗홋에 숨어서 100m 앞까지 접근한 후 발사!

4월도 저물어 봄이 찾아오면 고위도 북극 지방에는 태양이 높이 솟아오르는 백야가 오고 햇볕도 따뜻해집니다.

이 계절이 되면 바다표범도 해빙 위로 모습을 드러내고 낮잠을 즐기지요. 이 상태의 바다표범을 두고 '우웃토'하고 있다고 한답니다.

소총이 없던 시절, 이누이트 사냥꾼들은 작살로 바다표범을 사냥했습니다. 소총이 들어오고 나서는 '카무타앗홋'이라는 도구를 생각해낸 덕에 바다표범 사냥이 손쉬워졌지요.

카무타앗홋은 나무틀에 흰 천을 댄 도구에요. 웅크린 몸을 천으로 가리고서 바람을 등지고 접근해 사냥합니다. 흰 천 덕분에 눈과 얼음으로 덮인 새하얀 풍경에 녹아들어 바다표범의 눈에는 사람이 보이지 않지요.

50~100m 앞까지 다가가서는 천 한가운데 뚫린 구멍을 통해 총을

【답변27】
가게에서 산 적은 없지만, 사냥꾼에게 직접 샀을 때는 1kg에 2,000~2,500원 정도였습니다.

사냥법과 낚시법

그물을 매일 살펴보는데 잡히는 날도 있고 안 잡히는 날도 있습니다.
가끔 두 마리 이상이 한꺼번에 걸리는 날도 있지요.

쏘아서 바다표범을 잡습니다.

  해빙 아래 그물을 쳐 놓는 사냥법도 있어요. 보름달이 초승달로 바뀌기까지는 조수 간만의 차가 커서 하루에도 바닷물 높이가 몇 미터씩 높아졌다가 낮아지지요. 바닷물이 빠져서 해수면이 낮아질 때, 바위 위에 있던 해빙이 바위 꼭대기와 부딪히며 깨지게 됩니다. 바닷가 근처 해빙에는 그런 곳이 몇 군데나 있어서 바다표범이 숨쉬기 위한 구멍으로 이용하고 있어요.

  이누이트 사람들은 이런 바다표범의 습성을 잘 알고 있답니다. 바다표범이 다니는 암초 근처 해빙 밑에 물가와 수직을 이루도록 그물을 쳐서 바다표범을 잡지요. 바다표범이 그물을 볼 수 없는 극야 시기에만 쓰는 방법이에요.

【질문28】
엽총으로 사냥해 본 적 있어요?

낚시는 어떻게 할까?

얼음낚시를 즐기는 남자 어린이

크게 두 가지 방법이 있어요.

하나는 빙어 낚시를 하듯 해빙에 작은 구멍을 뚫는 방법이에요. 1m보다 두꺼운 얼음에는 구멍을 뚫기 힘드니까 여기저기에 자연히 생긴 갈라진 틈에 지름 30cm 정도의 구멍을 뚫습니다. 이 방법은 사냥꾼이 물고기를 낚아 팔기 위해 쓰기보다 동네 주민들이 초봄에 가족들과 낚시를 즐기기 위해 사용할 때가 많아요. 잡은 생선은 개에게 주기도 하지요.

또 다른 하나는 그린란드에서 인기 있는 할리벗 낚시입니다. 할리벗은 몸길이가 1m가 넘는 가자밋과 생선이에요.

할리벗을 낚으려면 준비에 고생을 좀 해야 합니다. 왜냐하면, 낚싯줄 한 가닥에 50~100개의 바늘을 달아야 하거든요.

【답변28】
북극곰이 공격해 왔을 때 딱 한 번 쏘아본 적이 있어요. 하지만 외국인이 총을 쏜 거라 경찰서에서 조사를 받고 보고서까지 쓰며 고생했지요.

사냥법과 낚시법

할리벗을 낚기 위한 준비
구멍을 뚫는 모습
할리벗 낚시용 미끼
낚아 올린 할리벗

  우선 낚싯줄로 쓰는 나일론 끈에 추를 매답니다. 그런 다음 추에서 몇 미터 떨어진 곳에서부터 낚싯바늘을 1.5~2.0m 간격으로 50~100개 정도 달고, 마지막으로 추가 달린 함석판을 나일론 끈 끝에 연결하지요.
  함석판이 자연히 바닷물 속으로 떠내려가면서 수십 개의 낚싯바늘을 단 끈을 엉키지 않게 바다 밑바닥까지 실어다 줍니다. 나일론 끈에 매단 추는 낚싯바늘이 물속에서 둥둥 뜨지 않게 해주는 역할을 하지요.
  터가 좋은 곳에서는 한 번에 수십 마리가 잡히기도 한답니다. 많이 잡히면 지역 수산 회사가 사 간다고 하네요. 낚시꾼들에게 할리벗은 돈을 벌기 위한 중요한 자원이에요.

【질문29】 ···················
일각돌고래 뿔은 얼마나 긴가요?

고래를 잡는 방법은?

고래 고기는 지역 주민만 먹습니다.

여름을 맞이해 북극 바다의 얼음이 녹으면 고래가 북쪽으로 올라옵니다. 그린란드 북서부에서도 혹등고래, 밍크고래, 일각돌고래, 흰고래(벨루가)가 모습을 드러내지요.

이누이트 사람들은 옛날부터 고래를 사냥해 왔어요. 지금도 매년 정해 진 숫자 안에서 사냥하고 있어요.

고래를 사냥할 때는 예부터 전해져 내려오는 카약이라는 보트를 이용한답니다. 배가 내는 엔진 소음을 듣고 고래가 도망갈 수도 있어서 엔진 달린 배는 들어올 수 없는 구역이 정해져 있기 때문이에요. 카약 한 척에는 딱 한 사람만 탈 수 있습니다. 몇 척이 팀을 이룰 때도 있지만, 혼자서 고래에게 접근해 작살을 꽂기도 합니다. 위험천만한 사냥이지요.

【답변29】
수컷은 약 3미터까지 자랍니다. 옛날 유럽에서는 일각돌고래 뿔이 유니콘 뿔로 팔렸어요. 독을 없애는 힘이 있다고 믿었지요.

사냥법과 낚시법

새는 어떻게 잡을까?

잡은 새는 튼튼한
주머니 속으로

　검정과 흰색 깃털이 섞인 각시바다쇠오리는 북극 여름 풍경에서 빼놓을 수 없는 물새예요. 여름이 되면 큰 무리를 지어 날아와서 바닷가 근처 바위 경사면에 알을 낳지요. 이누이트 사람들은 귀중한 식량인 각시바다쇠오리를 독특한 방법으로 사냥한답니다.
　바로 그물로 잡거든요. 지름 60~70cm 정도 되는 그물을 3m 길이 봉에 다는 거예요.
　바위 색과 비슷한 옷을 입고서 바위 그늘에 몸을 숙이고 있다가 새들이 무리 지어 날아오면 아래에서 위로 건져 올리듯 그물을 휘둘러 잡습니다. 꼭 잠자리를 잡는 것처럼요.
　각시바다쇠오리는 경사면에 닿을 듯 말 듯 빙글빙글 돌며 무리로 날아다니기 때문에 3m 봉으로도 충분히 닿는답니다. 익숙한 사람이면 몇 시간 만에 백 마리도 넘게 잡기도 하지요.

【질문30】
북극에 사는 개도 병에 걸리면 동물병원에 가나요?

 북극 민화

각시바다쇠오리가 '숨바꼭질 대장'을 그물로 잡은 이야기

옛날 옛날에 '숨바꼭질 대장'이라고 불리는 남자가 있었습니다.

남자는 바위틈에 감쪽같이 숨어서 그물로 각시바다쇠오리를 잡는 명수였습니다.

날씨가 궂은 어느 날, 남자는 혼자 사냥터에 갔습니다. 아들에게도 알려주지 않은 비밀 장소였지요.

바위에 가만히 몸을 숨기고 있으니 각시바다쇠오리들이 날아왔습니다. 한 마리 한 마리는 작지만, 매우 큰 무리를 이루고 있어서 마치 하늘에 검은 그물을 친 것 같았지요.

남자는 평소처럼 그물을 휘둘렀습니다. 그러자 그물이 쭉 당겨졌습니다.

"뭐야? 무슨 일이지?"

무슨 일인지 깨달았을 때는 이미 그물과 함께 하늘을 날고 있었습니다. 각시바다쇠오리 무리가 그물이 되어 오히려 사냥꾼을 잡은 거예요.

"살려줘!"

각시바다쇠오리들은 남자를 잡은 채 힘차게 날아갔습니다.

남자는 떨어지지 않으려고 그물을 꼭 잡은 채 소리 질렀습니다.

그 목소리는 가족에게도 들렸지만, 사냥터를 비밀로 한 탓에 아무도 남자를 찾을 수 없었습니다. 게다가 하늘에서 목소리가 들려오니 가족들은 꿈이라고 생각했지요. 각시바다쇠오리들은 남자를 바다 위로, 바위 위로 끌고 다니다가 마침내 바위 밭 경사면에 떨어뜨렸습니다.

　남자는 뼈가 두세 군데 부러진 데다 옷도 너덜너덜해진 채 집으로 돌아왔습니다. 아내가 깜짝 놀라 묻자 "각시바다쇠오리들이 날 그물로 잡았지 뭐야."하고 대답했습니다.
　하지만 아내뿐 아니라 다른 누구도 남자의 말을 믿지 않았습니다. 남자는 억울해하며 다음 날도 각시바다쇠오리를 잡으러 나갔습니다. 이번에는 아들도 함께였지요. 비밀 사냥터를 알려주지 않으려고 아들 눈에 가리개를 하고 데리고 간 거예요.
　비밀 사냥터에 도착한 남자는 가리개를 풀어주며 아들에게 말했습니다.
　"주머니에 돌을 넣어서 몸을 무겁게 하거라. 각시바다쇠오리들이 낚아채지 못하게 말이다."
　아들은 아버지 말대로 했습니다. 그 덕분에 이번에는 둘이서 힘을 합쳐 각시바다쇠오리를 잡을 수 있었습니다.

7 개썰매 이야기

전통적인 교통수단이자 지금도 제가 타고 이동하는 개썰매를 소개합니다.

개썰매가 뭐지?

암컷이 리더가 되면 단결력 좋은 팀이 됩니다.

말 그대로 사람이 탄 썰매를 개가 끌어서 이동하는 교통수단이에요. 이누이트의 대표 문화이지요. 물론 개 한 마리로는 힘이 부족하니까 십여 마리가 한 팀을 꾸리는 경우가 많습니다. 배기가스도 나오지 않는 최고의 친환경 차라고 할 수 있어요.

오늘날 개썰매는 원주민들이 이동할 때, 알래스카와 캐나다 북극 지방에서 개썰매 경주를 할 때 쓰여요. 알래스카와 캐나다 북극 지방에서는 시간이 흐르며 원주민의 '원조 개썰매' 문화는 사라지고 말았어요. 하지만 그린란드 북서부 지방에서는 아직도 일상생활 속에 살아 있는 교통수단이에요.

게다가 그린란드에는 세계에 단 하나밖에 없는 개썰매 경비대가 있답니다. '시리우스'라고 해요.

【답변30】

수의사 선생님과 전화나 인터넷을 통해 이야기하며 멀리서 진찰받아요. 개는 많은데 수의사 선생님은 북극을 통틀어도 몇 분 없어서 난처할 때가 많아요.

개썰매 이야기

개썰매 경비대 '시리우스'

사람 열두 명, 개 90마리, 총 여섯 개의 개썰매팀으로 구성된 시리우스는 그린란드 북동부에 있는 국립 공원 주변 인적이 없는 물가 지역을 지키고 있어요. 세계에서 제일 바쁜 '개 경찰관'이라고 할 수 있지요.

개썰매는 눈이 얼마나 깊은지, 또 짐을 얼마나 실었는지에 따라 속도가 크게 바뀐답니다. 눈이 별로 쌓이지 않은 상태라면 어른 한 명과 150~160kg 정도 짐을 싣고서 시속 10km로 달릴 수 있어요. 자전거를 타고 천천히 달리는 속도와 비슷하지요.

【질문31】
썰매를 끄는 개는 어디서 구하나요?

썰매를 끄는 건 허스키뿐일까?

그린란드에 있는 건 순수한 이누이트 개뿐이야!

　겉보기엔 시베리아허스키를 꼭 닮은 개들도 많지만 실은 그렇지 않답니다.
　지역마다 썰매 끄는 개 종류가 달라서 말라뮤트나 사모예드를 쓰는 곳도 있어요. 알래스카나 캐나다 북극지방에서는 알래스칸 허스키가 활약하고 있고요. 알래스칸 허스키는 이누이트 개와 다른 개가 섞인 종입니다. 유감스럽게도 현재 알래스카에는 순수한 이누이트 개는 존재하지 않아요. 하지만 그린란드에는 '그린란드 도그'라는 순수한 이누이트 개가 남아 있지요. 그린란드에서는 외국 개를 들여오는 것이 법으로 금지되어 있기 때문이에요. 그린란드 도그는 일본 아키타견과 크기와 생김새가 비슷합니다.

【답변31】
처음에는 원주민들에게 샀습니다. 그 후에는 암컷이 낳은 강아지를 키우고 있어요.

개썰매 이야기

북극에서 사람과 개의 관계는?

강아지와 노는 어린이

　개썰매를 타는 것은 자기 생명을 개에게 맡기는 것과 마찬가지라 개를 애완동물처럼 귀여워하지 않아요. 또, 사냥할 땐 개가 사냥감을 찾는 역할을 하므로 사람과 개의 관계가 중요하답니다.
　강아지일 때는 아이들이 놀이 상대를 해주는 광경도 눈에 띄지만, 썰매견이 되는 훈련이 시작되면 선을 긋고 개들을 대하게 되지요.
　원래 이누이트 족에게는 애완동물을 기르는 문화가 없어요. 하지만 요즘에는 외국에서 들여온 동물을 애완동물로 키우는 가정도 늘었습니다. 동물 가게는 없지만, 외국을 방문했다가 데리고 돌아온다고 하네요.
　북극 고위도 지방에 살며 고양이, 햄스터, 금붕어, 거북이 등을 키우는 집도 있어요.

【질문32】
개는 몇 살까지 살아요?

개썰매용 썰매는
어떤 모양?

썰매발

썰매 크기는 용도에 따라 제각각이야

개썰매용 썰매는 두 개의 썰매발 바닥에 나뭇진을 바른 판을 덧대어서 길바닥에 면으로 닿게 하는 간단한 구조로 되어 있습니다. 보통 수입산 나무로 만들지만, 옛날에는 떠내려온 나무나 동물 뼈를 가죽끈으로 연결해서 썼다고 해요.

개썰매는 전부 타는 사람이 만들어요. 저도 이누이트 족 사람들에게 만드는 법을 배워서 직접 만듭니다. 썰매를 만들 때는 재료가 되는 나무가 충격으로 깨지지 않게 조심해야 해요. 금속판으로 여기저기 보강하거나 못 대신 가는 끈으로 고정하는 등 충격을 흡수하는 방법을 연구하고 있답니다.

크기는 쓰임새에 따라 다른데요. 개 십여 마리가 끄는 보통 크기 썰매는 길이 4m, 폭 1m, 높이 20cm 정도로 무게는 백 수십 킬로그램입니다.

【답변32】
여덟 살에서 아홉 살 사이에 썰매 끄는 일에서 은퇴하고 그 후에는 추운 겨울을 넘기지 못해 죽는 경우가 많아요. 열 살 넘도록 달리는 강한 개도 있지만요.

개썰매 이야기

썰매 끄는 개는
어떻게 기르고 있을까?

생후 2개월 된 강아지

　겨울에 태어나면 집에서 키우지만, 여름이면 태어나자마자 밖에서 기른답니다. 겨울이어도 어미 개의 젖을 먹는 시기가 끝나면 집 밖에서 지내게 되지요.
　썰매 개가 되는 훈련은 빠르면 생후 3개월부터 어미 개와 함께 달리며 시작합니다. 저 역시 생후 3개월이 지났을 무렵 훈련을 시작해요. 물론 바로 썰매에 묶진 않는답니다. 그저 달리게 하지요. 썰매를 끄는 건 몸이 어른 개만큼 자란 다음이에요.
　개썰매팀에 합류한 후에도 처음에는 끝까지 달리지 못하고 지쳐버리는 경우가 있어요. 그럴 때는 썰매에 태워서 집으로 돌아옵니다. 선배 개가 끄는 썰매에 후배 개가 타는 셈이지요.

【질문33】
개들끼리도 잘 맞는 짝이 있나요?

썰매 끄는 개는 힘이 얼마나 셀까?

100kg 정도는 한 마리가 운반할 수 있습니다.

썰매 개는 다 큰 수컷이면 몸무게가 40kg도 넘는답니다. 그만큼 큰 개는 때로 100kg이나 되는 사냥감을 썰매에 싣고 옮기기도 하지요.

개 한 마리가 썰매에 얼마나 싣고 달릴 수 있는지 실험한 적이 있어요. 그때는 수컷 한 마리가 한 봉지에 20kg짜리 개 사료 다섯 봉지를 실은 작은 썰매를 끌 수 있었어요.

어떤 일을 하느냐에 따라 몇 마리가 썰매를 끌지 조절합니다. 예를 들어 가까운 거리를 몇 시간 달릴 때는 4~6마리만 데리고 이동하기도 해요. 무거운 짐을 싣고 일곱 시간, 여덟 시간씩 먼 거리를 달려야 할 때는 열 마리 이상이 썰매를 끌고요. 일의 내용이나 썰매를 모는 사람의 감각에 따라 결정할 때가 많답니다.

【답변33】
있습니다. 사이가 좋은 개끼리 나란히 달리거나 같이 놀아요. 사이가 나쁜 개들은 늘 싸움만 해요.

개썰매 이야기

개와 썰매는
어떤 줄로 연결할까?

한 시간 이상 정성을 들여 직접 만듭니다.

시각 장애인 안내견 용 가슴 줄과 비슷합니다.

옛날에는 바다표범 가죽을 3~4cm 두께로 길게 잘라 만들었는데 배고픈 개들이 가슴 줄을 먹어 버리기도 했다고 해요.

요즘에는 실로 만든 줄을 사용하지만, 예나 지금이나 개의 크기에 맞춰서 자기 손으로 하나씩 만드는 것은 똑같아요.

다른 이야기지만 아내에게 바다표범 가죽으로 만든 장갑을 선물한 적이 있어요. 실스킨이라고도 부르는 바다표범 가죽은 싸지 않은 물건인데, 깜박 책상 위에 올려놓았더니 집안에서 키우던 골든레트리버 세 마리가 먹어 버렸지 뭐예요. 개들은 모두 바다표범 가죽을 좋아하나 봐요.

【질문34】
이동 중 썰매가 부서져서 당황한 적은 없나요?

개들은 어떻게 줄지어 설까?

알래스카 지방식 대열

지방마다 개를 줄 세우는 방법이 달라요.

그린란드와 캐나다 극북 지방에서는 개를 부채 모양으로 줄 세웁니다. 부채 모양을 이루면 개와 썰매가 한 덩어리로 작게 뭉치지요. 넓은 얼음 들판에서 사냥감을 쫓을 때 자유롭게 움직일 수 있어요. 알래스카 지방에서는 보통 길게 두 줄로 세웁니다. 숲이 있는 알래스카에서 나무 사이를 빠져나가며 달리기 위해서는 세로로 긴 모양이 알맞기 때문이에요.

제 특기는 그린란드식 개썰매입니다. 하루에 7~8시간 달리는 일이 흔하지요. 물론 한두 시간마다 썰매를 멈추고 쉬면서 달려요.

부채 모양을 이루면 달리다가 개들끼리 좌우가 바뀌거나 끈이 엉켜서 쉴 때 풀어주어요.

【답변34】
울퉁불퉁한 얼음 위를 달리다가 부서지기도 해요. 그럴 때는 주변에 있는 것을 모아 응급조치해서 어쨌든 달릴 수 있게 합니다.

개썰매 이야기

달리고 있을 때 개는 어떻게 볼일을 볼까?

보통 개는 산책하다가 멈춰 서서 볼일을 보지만, 썰매를 끄는 개들은 꼭 멈춰서 볼일을 보진 않아요. 이유는 모르겠지만 달리며 오줌 누고 응가하는 것을 아주 좋아하는 것 같아요.

물론 달리다 말고 멈춰서 가만히 볼일을 보다간 썰매에 연결된 가슴 줄 때문에 끌려가 버릴 거예요. 그래서 개들은 1초, 2초 순간적으로 멈춰 서서 재빨리 볼일을 봅니다. 수컷은 영역 표시를 하는 것처럼 얼음이 튀어나와 있는 곳에 오줌을 뿌릴 때도 있어요.

'재주도 좋네.' 하고 감탄하면서도 '안 달릴 때 누면 좋을 텐데'라는 생각이 따라오지요.

다른 이야기지만 개들은 사람의 배설물을 좋아해서 깨끗이 먹어준답니다. 엄청난 재활용 아닐까요?!

【질문35】
북극이 아닌 곳에서 태어난 개도 훈련하면 썰매를 끌 수 있게 되나요?

개들에게 어떻게 지시를 내릴까?

7~8m에 이르는 채찍은 다루기 힘들어서 가끔은 뺨을 때려 지렁이 같은 자국을 남기기도!

이누이트 어 호령이 있어요. 지방마다 다르지만, 그린란드 북서부 지방에서 쓰는 기본적인 호령은 다음과 같습니다.

오른쪽으로 가(앗춋) / 왼쪽으로 가(하곳)
멈춰(아이) / 가(테마)
강하게 끌어(핫쿠) / 움직이지 마(아우릿칫)
힘내!(나고낫)

구호 말고 채찍도 사용합니다. 바다표범 가죽을 7~8m 길이로 자른 것인데 손잡이 부분은 폭 1cm, 두께 4~5mm 정도이며 끝으로 갈수록 가늘어져서 맨 앞쪽 지름은 1~2mm 정도이지요. 이 가죽끈을 길이 60~70cm 나무 봉에 매달아 사용합니다.

【답변35】
허스키처럼 썰매 끌기 알맞은 종이면 가능합니다. 치와와 미니어처 닥스훈트는 힘들겠지요.

개썰매 이야기

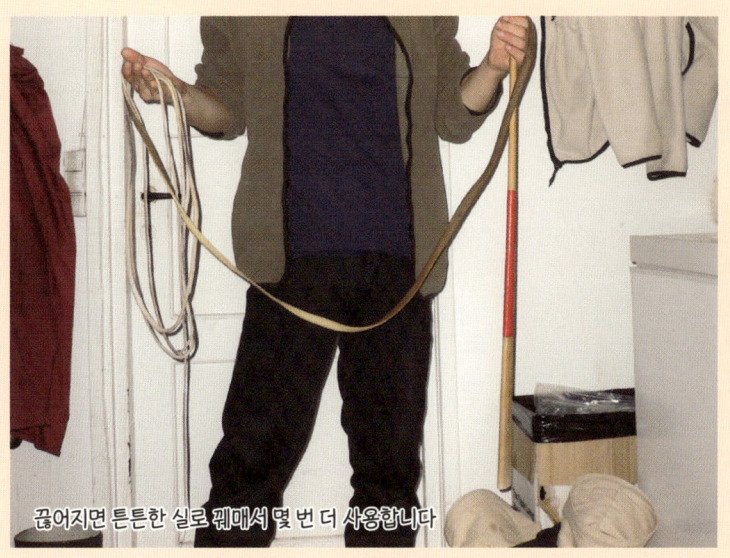
끊어지면 튼튼한 실로 꿰매서 몇 번 더 사용합니다

채찍은 개를 때리는 도구가 아니에요. 왼쪽으로 유도하고 싶을 때는 "하곳, 하곳!" 하고 구호를 외치며 썰매 위에서 개들이 달리고 있는 오른편 눈밭을 때립니다. 개들은 구호와 채찍이 눈밭을 때리는 소리에 반응해 왼쪽으로 진로를 바꾸지요.

개썰매팀에 참가한 지 얼마 안 된 개들은 구호를 모르기 때문에 다른 숙련된 개들에게 맞춰 왼쪽, 오른쪽으로 움직입니다. 나이를 먹으며 구호를 익히게 되는 거예요. 그래서 개썰매팀을 꾸릴 때는 어린 개와 숙련된 개를 꼭 같은 팀에 넣는답니다. 또 한창 달리는 중에는 개들에게 구호를 외쳐 박자감을 만들기도 해요. 저는 이누이트 어를 쓰기도 하고, 개들을 위해 노래를 부르기도 합니다.

【질문36】
왜 썰매를 끄는 개들은 집에서 떨어진 곳에서 기르나요?

썰매를 끄는 개들은 집 안에서 살까?

영하 30~40도 속에서도 문제없어

　개들은 새끼를 낳을 때나 아플 때 아니면 집 밖에서 생활합니다.
　바깥 기온이 영하 30도, 40도로 떨어지거나 세찬 눈보라가 몰아쳐도 집 안에 들이지 않아요.
　그래도 북극에서 사는 개들은 추위를 견뎌냅니다. 물론 기운이 떨어지면 안 되니까 먹이는 거르지 않고 주지요. 썰매를 끄는 개이니 몸집이 너무 커지지 않게 과식에 주의해야 하지만요.
　보통 사냥꾼들은 바다코끼리나 바다표범 같은 사냥감의 고기를 먹이로 줍니다. 또 칼로리가 높은 썰매 개용 사료도 가게에서 살 수 있어요.
　저는 외국인이라 사냥에 제한이 있어서 잡은 고기만 주어서는 부족해요. 사료를 자주 이용한답니다.

【답변36】
수십 마리의 개가 썰매를 몰기 때문에 집 근처에서 적당한 장소를 찾기 힘들답니다. 썰매를 꺼내기 좋은 장소에 묶어 두는 경우가 많아요.

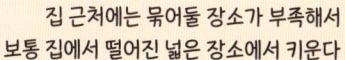

개썰매 이야기

집 근처에는 묶어둘 장소가 부족해서
보통 집에서 떨어진 넓은 장소에서 키운다

    개집이란 보통 창문을 열면 바로 보이는 가까운 곳에 있지만, 북극에서는 집 근처에 키울 곳이 없어서 개들이 있는 곳까지 몇 백 미터씩 떨어져 있는 경우가 흔해요.

    눈보라가 치면 먹이를 가져다주는 것이 망설여지기도 하고, 북극곰이라도 만나는 게 아닐까 무서울 때도 있어요.

    밖에서 생활하기 때문에 눈보라가 칠 때는 개들이 눈에 묻혀버리기도 합니다. 자기 힘으로 나올 수 있을 텐데, 눈 속에 있는 것이 더 따뜻한 건지 꺼내줄 때까지 빠져나올 생각이 없는 개도 있어요.

[질문37]
개들은 맨발인데 시리진 않을까요?

8 오늘날 북극의 삶

혹독한 추위 속에서 사는 북극 사람들은 우리와 얼마나 다른 생활을 할까요? 오늘날 북극 사람들이 어떻게 살고 있는지 들여다봅시다.

어떤 집에서 살까?

지금은 나무를 배로 수입해서 자격을 가진 목수가 목조주택을 짓습니다.

두 겹으로 된 얇은 널빤지 사이에 보온재를 넣어 벽을 만듭니다.

현관 앞에는 전실이라는 방이 있어요. 밖에서 집으로 들어올 때는 우선 전실 문을 열어야 합니다. 그 문을 닫고 나서 전실 안에 있는 현관문을 열고 방에 들어오는 거예요. 차가운 바깥 공기가 방 안으로 못 들어오게 하기 위한 방법입니다. 이중문이라고도 불러요.

또, 다른 나라에서는 10년도 견디지 못할 단순한 구조를 가진 집이 40년 이상 무사히 버티고 있답니다. 큰 지진도 없고 기후도 일 년 내내 건조해서 나무가 잘 썩지 않는 것이 건물이 장수하는 비결 같아요.

【답변37】 ··
괜찮은 것 같아요. 발바닥에 난 털이 너무 길어지면 눈이 달라붙어서 달리기 힘들기 때문에 일부러 털을 잘라줄 때도 있습니다.

오늘날 북극의 삶

어떤 종교를 믿을까?

실은 그렇게 독실하진 않다?!

　한데 묶어 이누이트라고 부르지만 살고 있는 장소에 따라 국적이 달라요. 지금은 각 지역에서 가톨릭교를 널리 믿는 것 같습니다.
　가톨릭교 신자는 어느 정도 나이가 들면 견진 성사를 받는데 거부하는 사람은 없는 모양이에요. 결혼식이나 장례식도 가톨릭교 방식을 따르고 있습니다.
　하지만 제가 본 바로는 일요일에 성당 가는 것보다 사냥이나 낚시를 더 중요하게 여기는 것 같았어요. 또 가톨릭교를 믿는 지금도 조상의 가르침이나 전승을 소중하게 생각하지요.

【질문38】
개썰매를 잘 타게 되려면 얼마나 훈련받아야 하나요?

학교가 있을까?

시오라팔루크에 있는 초등학교

물론 학교는 있답니다. 하지만 작은 마을에는 초등학교만 있어요.
그린란드에서는 지역 주민이 선생님을 맡기도 하고, 이웃 나라 덴마크에서 선생님이 파견되기도 합니다. 초등학교는 여섯 살부터 열한 살까지 다녀요. 북쪽 끝 마을 시오라팔루크의 경우 초급반(1~3학년), 중급반(4~7학년), 상급반(8~9학년)으로 나뉘어 있답니다.

국어로는 제1 모국어인 그린란드 표준어 말고도 제2 언어인 덴마크어, 제3 언어인 영어를 배웁니다. 전통문화를 공부하는 수업도 있어요. 여학생은 바다표범 모피를 처리하는 무두질 수업과 모피로 옷을 만드는 수업을 듣고, 남학생은 개썰매 기술이나 사냥을 배우는 야외 수업을 받기도 합니다.

【답변38】
제 경우에는 겨울 한 철 노력해서 열세 마리 개를 다룰 수 있게 되었어요.

오늘날 북극의 삶

수업받는 모습

　시오라팔루크 마을에서는 2018년 현재 인구 약 사십 명 중 다섯 명이 학생이에요. 나이에 따라 수업 내용이 달라지지만, 나이와 상관없이 더 어려운 수업을 받는 사람도 있어요. 학비는 모두 무료입니다.
　기온이 낮다고 학교가 쉬진 않지만 심한 눈보라가 몰아쳐 밖을 걸어 다닐 수 없는 날에는 휴교합니다. 마을 끝에서 끝까지 걸어서 5분 거리라 급식이나 도시락을 준비하지 않고 집에 돌아가서 점심을 먹어요.
　열두 살이 되면 60km 떨어진 옆 마을, 카나크에 있는 중학교에 다닙니다. 다만 길이 없기 때문에 친척이나 친구 집에서 홈스테이를 해요. 고등학교, 전문학교로 더 진학하려면 남쪽에 있는 도시로 가야 하지요.

【질문39】
그린란드는 언제 덴마크 영토가 되었어요?

아이들은 뭐 하고 놀까?

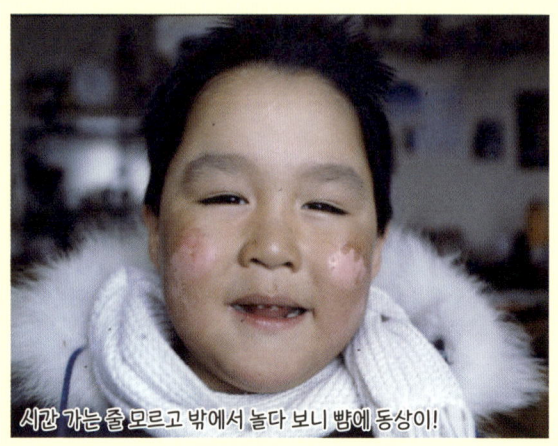

시간 가는 줄 모르고 밖에서 놀다 보니 뺨에 동상이!

큰 마을에서 사는 북극 아이들은 집안에서만 노는 일이 많아졌어요. 비디오 게임이 유행하고 스마트폰 게임이 인기를 끌기도 하고요.

하지만 작은 마을에서는 지금도 영하 20도, 30도 날씨 속에서 힘차게 노는 아이들 모습을 자주 볼 수 있답니다. 콧물이 어는 줄 모르고 노는 것을 보면 씩씩함이 그대로 전해져 오는 것 같지요. 썰매를 타고 언덕길을 내려오기도 하고 언 바다 위에서 개썰매 놀이를 하기도 해요. 공을 가지고 축구하는 모습도 볼 수 있답니다.

바다에 얼음이 새로 어는 초겨울에는 반짝반짝 매끄러운 얼음 위에서 스케이트를 타며 노는 아이들도 있어요. 눈이 쌓이지 않은 얼음에서는 자전거도 타고 다닐 수 있지요.

【답변39】
처음에는 노르웨이 영토였지만, 16세기 노르웨이가 덴마크의 지배를 받았을 때 덴마크령이 되었어요.

오늘날 북극의 삶

술도 마실까?

술을 마시는 마을과 마시지 않는 마을이 있습니다.

원래는 음주 문화가 없었어요. 그린란드에 술이 수입된 것은 1900년대 이후 외국 탐험가와 교류가 깊어진 다음 일이거든요.

가게에서 술을 살 수 있게 되자 큰 사회문제가 되었어요. 있는 돈을 다 털어서 술을 마시거나 술에 취해 사고를 일으키는 일이 늘었거든요. 오락거리가 적은 곳이다 보니 술을 즐기고 싶은 마음은 이해하지만, 문제는 문제이지요.

그 때문에 주류 판매를 그만둔 지역도 있습니다. 술을 마시는 곳과 마시지 않는 곳으로 나뉘는 건 그 때문이에요.

【질문40】
북극에 간 사람은 금방 추위에 적응하나요?

북극에도 병원이 있을까?

그린란드에서는 의료비도 학비도 모두 무료

 북쪽 끝에 있는 그린란드 북서부 지방에도 중심지 카나크 마을에는 병원이나 양로원 같은 시설이 갖춰져 있습니다. 복지국가 덴마크 자치령인 그린란드에서는 병원이 무료에요. 외국인도 무료로 진찰받을 수 있어요.
 작은 마을에는 병원이 없지만 대신 원격 진료를 통해 증상에 맞는 약을 처방받을 수 있어요. 위급한 경우에는 평소 정기편으로 사용하는 헬리콥터가 와서 긴급 구조하기도 하고요. 응급 헬리콥터인 셈이지요.
 또 시골 마을에는 치과 의사가 정기적으로 방문해 진찰합니다.
 젊었을 때 호기심에 작은 마을에서 치과 치료를 받아본 적이 있어요. 이동 병원이라 치료 장비가 부족해서 충치를 긁어내고, 끝이었지만요.
 그 후로 치과 치료는 북극에서 돌아온 후 받습니다.

【답변40】
추운 밖으로 나갔다가 따뜻한 집안에 들어오길 반복하며 조금씩 적응합니다. 일주일 정도 지나면 상당히 익숙해져요.

오늘날 북극의 삶

백야일 때

극야일 때

　마지막으로 하나 더. 북극에서 유독 잘 걸리는 병을 소개할게요. 태양이 뜨지 않는 '극야'일 때는 마음도 크게 영향을 받아 우울증에 걸리는 사람이 많다는 보고가 있어요. 우울증은 우울해지거나 의욕을 상실하는 병이에요.
　저도 극야일 때 머물기 때문에 어떤 느낌인지 알 것 같아요. 태양을 보지 못하는 생활이 이어지면 정말 기분이 어두워지거든요.
　반대로 태양이 지지 않는 백야일 때는 모두 생기가 넘친답니다. 햇볕을 쬐는 건 사람에게 중요한 일인지도 모르겠어요.

【질문41】
북극에서는 어떤 돈을 써요?

어떤 직업이 있을까?

연료를 배달하는 작업원

이미 소개한 대로 사냥꾼이나 낚시꾼이 있어요. 그린란드 북서부 지방에서 찾아볼 수 있는 직업은 우리나라 작은 도시와 크게 다르지 않답니다. 예를 들어보면 다음과 같아요.

- 주민 센터 같은 정부 기관과 관계된 일
- 가게 운영과 관계된 일, 점원
- 쓰레기를 치우는 작업원
- 목공, 전기 같은 설비 관계 전문직
- 생활용수, 생활 연료와 관계된 일(작업원, 판매원 등)
- 호텔 경영자 등 관광업
- 비행장 운영에 필요한 각종 직업
- 학교 선생님
- 병원이나 양로원에 필요한 각종 직업

【답변41】

지역마다 다른 돈을 쓰고 있습니다. 알래스카에서는 미국 달러, 캐나다권에서는 캐나다 달러, 그린란드에서는 덴마크 크로네를 사용하지요.

오늘날 북극의 삶

 돈을 얼마나 받는지 물어본 적은 없지만, 복지 국가 덴마크의 영향으로 급료의 반 이상을 세금으로 내야 해요. 그 대신 학교나 병원이 공짜이고, 일상생활뿐 아니라 노후도 보장되어 있지요.
 '지금을 즐기자.' '생각나면 바로 행동하자'라는 이누이트 사람들의 민족 기질 때문인지 저축하는 습관은 없는 것 같아요. 손에 있는 현금을 다 써버리는 사람이 많아서 월급날이 되기 전에 돈이 없다며 걱정하는 모습을 자주 볼 수 있답니다.
 대형 액정 TV가 어느 집에나 있고 휴대폰을 최신 기종으로 자주 바꾸는 것을 보면 새로운 것을 좋아하는 면도 있는 것 같고요.

【질문42】
북극인데 왜 냉장고가 필요해요?

우리나라 같은 가게가 있을까?

편의점과 비슷한 가게

아무리 작은 시골 마을이라도 나라가 경영하는 가게가 하나씩은 꼭 있답니다. 물건이 다양하진 않지만, 식료품과 생활용품을 살 수 있지요. 마을 크기에 따라 달라지기도 하는데 영업일이나 영업시간은 정해져 있어요.

지방 특산품은 북극 지방에서 잡힌 동물이나 생선이에요. 지구 온난화의 영향으로 날씨가 따뜻해진 그린란드 남부 지방에서는 양을 키우거나 감자도 재배하고 있답니다. 이런 것도 지방 특산품으로 팔리고 있어요.

그 외는 대부분 수입품입니다. 예를 들면 소고기, 돼지고기, 닭고기 같은 북극 지방에는 없는 육류 그리고 쌀, 파스타면, 라면, 냉동 야채, 버터, 치즈, 우유, 요구르트가 있고요. 또 콜라 같은 탄산음료나 홍차, 커피, 초콜릿, 감자칩, 쿠키 같은 과자도 있습니다.

【답변42】
밖에 두면 차가워지는 정도가 아니라 꽝꽝 얼기 때문에 적당히 차게 보존할 수 있는 냉장고를 사용합니다.

오늘날 북극의 삶

오렌지, 사과, 바나나, 서양 배, 포도 같은 과일도 볼 수 있어요. 잘 팔리는 순으로 말하면 1위가 바나나, 2위가 신맛이 시원한 오렌지, 3위가 사과였답니다.

그렇게 추운데 아이스크림까지 팔지요.

주류는 파는 마을도 있고, 팔지 않는 마을도 있어요.

수입 물건이 많긴 하지만 살아가기에 충분한 생활용품이 갖춰져 있답니다. 석유, 등유, 가솔린, 경유 같은 연료부터 시작해 화장실 휴지나 세탁 세제, 비누, 샴푸, 주방 세제까지. 거기에 속옷을 포함한 의류, 의약품, 액정 TV, 세탁기도 구할 수 있어요. 추운 곳이지만 냉장고도 팔고 있지요.

북극만의 독특한 생활용품을 들자면 라이플총과 탄환, 식칼 및 각종 나이프, 낚시 도구와 덫으로 쓰는 그물, 각종 끈, 썰매용 목재 같은 자재와 썰매 개 가슴 줄 용 끈, 난로, 화로, 방한복, 방한화 등이 있습니다. 털실과 비즈 같은 수예용 제품도 팔아요.

【질문43】
개 이름은 어떻게 지어요?

113

어떤 난방 기구를 사용할까?

북극인데도 방 안은 따끈따끈하다고?

　예전에는 석유난로를 많이 썼는데 요즘엔 전기식 오일 히터를 많이 사용해요. 벽에 다는 온풍기는 본 적 없답니다.
　지역에 따라 다르겠지만 보통은 방에 아무도 없거나 잘 때는 난방을 꺼버릴 텐데, 북극 지방에 사는 사람들은 실내가 추운 것을 매우 싫어해요. 그래서 일 년 내내, 24시간, 누구 한 사람이라도 집에 있으면 난방을 끄지 않지요. 추위의 나라 북극이지만 겨울철 실내 온도는 늘 20도 이상을 유지하고 있어요. 반팔을 입고 지내는 사람도 많아요.
　추위를 많이 타서 그러는 건 아니고 밖이 추우니까 집안에서만큼은 따뜻하게 지내고 싶다는 마음이 강한 것 같아요.

【답변43】
제가 지을 때도 있고 친구들이 지어주기도 합니다. 고추냉이, 초생강, 간장. 이렇게 초밥 시리즈로 지은 적도 있어요.

오늘날 북극의 삶

물가는 높은 편? 낮은 편?

상품명	캔 콜라	감자칩 (긴 통에 든 것)	판 초콜릿	빵	감자
양	350ml	한 개	45g	한 줄	한 개 90g
가격	약 1800원	약 4300원	약 2500원	약 5400원	약 550원

상품명	양파	달걀	바나나/오렌지/사과	간장	컵라면
양	한 개 300g	한 개	각 한 개	150ml	보통 크기 1개
가격	약 1400원	약 800원	약 1400원	약 6300원	약 3600원

2018년 현재

　북극 지방은 물건이 비싼 편이에요. 우리나라도 세계적으로는 물가가 높은 곳에 속하지만, 뛰는 놈 위에는 나는 놈이 있는 격이라고 할까요?
　물건 운반하기가 다른 곳보다 어렵고 연료비도 많이 들기 때문인지 제 느낌으로는 세계에서도 세 손가락 안에 꼽힐 정도였어요. 위 표를 보면서 근처 가게와 가격을 비교해 보세요.
　다만, 그린란드는 덴마크 자치령이라 낙농업 국가인 덴마크에서 수입하는 육류나 유제품 가격은 우리나라와 크게 차이 나지 않아요.
　우편 요금도 비싼 편이에요. 일본에 엽서를 보낼 때는 한 장에 약 3000원, 10kg 소포는 약 26만원이나 든답니다.

【질문44】
그린란드는 누가 발견했어요?

북극으로는 어떻게 물건을 싣고 갈까?

일 년치 물건과 자원을 실은 배

　겨울에도 바다가 얼지 않는 남부 지방에서는 배가 일 년 내내 물건을 싣고 다니지만, 겨울에 바다가 얼어붙는 북부 지역에서는 여름에 얼음이 녹는 시기를 잘 계산해서 화물선으로 물건을 운반합니다.
　예전에는 해빙 때문에 그린란드 북서부 지방에는 일 년에 한 번만 화물선이 통과할 수 있었어요. 하지만 요즘에는 지구 온난화의 영향으로 얼음 녹는 시기가 빨라져서 7~8월 사이 두 번 물자가 운반됩니다.
　북극에서 생활하는 사람들에게 필요한 일 년 치 연료, 식량, 생활용품이 배달되지요.
　2001년에는 그린란드 북서부 지방에 지역 주민이 이용할 수 있는 민간 비행장이 완공되기도 했답니다. 40명 정도 탈 수 있는 작은 비행기가 다닐 수 있어요.

【답변44】
붉은 수염 에이리크라 불리는 노르웨이 바이킹이 발견했다는 전설이 '붉은 수염 에이리크 사가'라는 이야기로 전해지고 있어요.

오늘날 북극의 삶

국기에서 따온 빨강과 흰색
그린란드 국기

비행기를 이용한 배달이 시작되고 나서는 얼음 때문에 배가 다닐 수 없는 겨울에도 과일이나 채소 같은 신선 식품을 가게에서 볼 수 있게 되었답니다.

또 필요한 물건이 다 떨어지면 항공기로 운반해 오는 긴급 대비책도 있는 모양이에요. 코카콜라 같은 탄산음료가 없어져서 비행기로 싣고 오는 것을 본 적 있거든요. 긴급 상황은 아닌 것 같은 기분도 들지만요.

아무튼 지금도 변함없이 주된 운송 수단은 화물선입니다. 일 년 치 생활 물자가 모자라지 않게 철저히 계산해서 일 년에 단 두 번 오가는 배에 다양한 물건을 싣고 오지요.

【질문45】
개썰매를 운전할 때 면허가 필요한가요?

북극은 거의 바다니까 물은 충분하다고?

얼음산이 이틀 후면 전부 물로!

　겨울이 되면 북극은 오른쪽을 봐도 왼쪽을 봐도 얼음뿐인 세계가 됩니다. 그렇다면 물이 부족할 일은 없다고 생각하는 사람도 많을 거예요. 하지만 북극에서 생활용수 얻기는 생각보다 어렵답니다.
　겨울 추위가 수도관을 얼려버리는 탓에 수도가 있는 곳은 몇몇 마을뿐이에요.
　시골 마을 중에는 여름 동안 뒷산의 눈이나 얼음이 녹아 흐르는 물을 탱크에 저장해두는 설비를 갖추고 있는 곳도 있어요. 옛날부터 전해져오는 간단한 방법은 자기 손으로 얼음산에 얼음을 캐러 가는 거예요. 바다에 떠 있는 얼음은 짜지 않냐고요? 이 얼음은 바닷물이 아니라 육지에 쌓인 눈이 얼어서 만들어졌어요. 실제로 그린란드에서는 빙하가 육지에서 바다로 떠내려가는 광경을 쉽게 볼 수 있답니다.

【답변45】
개썰매를 탈 때는 자동차 면허 같은 건 필요 없답니다!

오늘날 북극의 삶

육지에서 바다로 떠내려가는 빙하

바다를 떠도는 빙하

빙산에서 얼음 채취

개썰매에 실리는 얼음

　염분이 섞이지 않은 빙산 조각을 모아 생활용수로 쓰는 거예요. 남자는 얼어붙은 바다 위로 개썰매를 몰아 빙산까지 얼음을 캐러 가고, 여자와 아이들은 해변으로 흘러 내려온 빙산 조각을 주워 모읍니다. 시간도 걸리는 힘든 노동이에요. 혼자 사는 저는 일주일에 한 번 정도 얼음을 캐러 갔던 기억이 있어요.

　그 밖에 덤프트럭으로 얼음을 운반하기도 합니다. 카나크에서는 주민들이 쓸 생활용수를 확보하기 위해 얼음을 부숴서 퍼 올리는 휠로더와 그 얼음을 싣고 다니는 덤프트럭이 매일 얼음을 운반합니다. 하지만 눈과 얼음이 쌓인 길에서 운전하기가 쉽진 않지요. 해빙이 깨지는 바람에 차가 바다에 빠지는 사고가 난 적도 있고요. 차를 이용해도 물을 얻기 어려운 건 마찬가지이지요.

【질문46】
썰매를 끄는 개들도 안내견처럼 시험을 보나요?

전기는 있을까?

금방 언 해빙에 빛이 반사되어 환상적인 풍경을 만들어낸 모습

불이 들어온 시오라팔루크 마을

　세계에서 가장 북쪽에 있는 마을 시오라팔루크에 처음 발을 들여놓았던 30년 전에는 전기가 없었어요. 사람들은 램프를 사용하는 원시적인 생활을 하고 있었지요.
　1992년 대형 디젤 발전기를 이용한 발전 설비가 들어오며 집에서 전기를 사용할 수 있게 되었습니다. 전등에서 시작해서 곧 다양한 가전 제품이 보급되어 눈 깜짝할 새 편리한 생활이 널리 퍼졌어요.
　하지만 시골에는 여전히 발전 설비가 없는 마을도 있답니다. 그런 곳에서는 집마다 휴대용 소형 발전기를 가지고 있거나 방에서 캠프용 램프를 쓰기도 해요. 가솔린이나 등유를 연료로 사용하지요.
　전기는 집안 풍경뿐 아니라 바깥 활동 모습도 바꾸어 놓았습니다. 예를 들어 30년 전 이누이트 사람들은 밖에서 개썰매를 몰 때 등유

【답변46】
시험은 없습니다. 대신 생후 3개월부터 훈련을 시작합니다.

오늘날 북극의 삶

강렬한 빛을 내는 LED 손전등은 이제 필수품

램프를 매달고 활동했어요.

그러는 사이 꼬마전구를 단 헬멧 라이트가 유행하게 되었지요. 어둠 속에서는 그 정도만 있어도 움직이며 작업하기 훨씬 쉽지만, 꼬마전구를 쓴 손전등이나 헬멧 라이트는 전지 소모가 빨랐던 기억이 납니다.

요즘 헬멧 라이트는 LED를 사용해요. 전지 감소량이 적어서 오래 갈 뿐 아니라 50~100m 앞까지 비춰주기 때문에 제 생활에도 혁명이 일어났지요. 그 덕분에 극야 때 이뤄지는 야외 활동이나 썰매 이동도 훨씬 쾌적해졌답니다. 이제 LED를 떠나 꼬마전구로는 돌아갈 수 없어요.

【질문47】
북극에서는 어떤 이불을 덮고 자요?

빨래를 밖에 널 수 있을까?

북극에서도 집 밖에 빨래를 널어놓은 풍경을 본 적 있어요. 영하 20~30도 속에 걸려 있는 빨래를 처음 보았을 때는 "북극 사람들도 이상한 일을 다 하네. 말려 봤자 꽝꽝 얼기만 할 것 같은데." 하고 웃었지요. 게다가 그 광경을 본 건 30년 전이니까 빨래도 손으로 했어요. 물기가 남은 빨랫감이 꽝꽝 얼 건 뻔한 일이었지요.

그런데! 젖은 빨래들은 예상대로 꽝꽝 얼어붙었지만, 며칠 지나자 꽝꽝 언 채로 마르는 게 아니겠어요? 매우 건조한 공기 탓이었지요. 깜짝 놀라면서 "여러분, 몰라봐서 미안해요." 하고 속으로 사과했지요. (참고로 방에 두면 부드러워진답니다.)

예전에는 다들 손빨래를 했지만, 지금은 시골에서도 자동 세탁기를 사용해요. 세탁기로 탈수하면 꽉 짜여 물이 떨어지지 않기 때문에

【답변47】
마을에서는 이불을 사용하지만, 개썰매를 끌고 다니며 텐트 생활을 할 때는 추위에 견딜 수 있게 침낭을 씁니다.

오늘날 북극의 삶

북극에서도 일반적인 자동 세탁 세탁기

실내에서 빨래를 말리는 집도 늘었어요.

작은 저수조를 갖춘 집이 많아져서 세탁기에 쓸 물을 저장하기도 쉬워졌지요. 옛날에는 젖은 수건으로 몸을 닦는 게 전부였는데 이제는 샤워하는 생활 습관도 자리 잡기 시작했어요. 공동 세탁소나 샤워실을 설치하는 마을도 있고요. 전기를 쓸 수 있게 되면서 이런 설비가 보급된 거예요.

세탁을 하든 샤워를 하든 물이 귀중하다는 것은 모두 잘 알고 있기 때문에 쓸데없이 물을 틀어놓는 사람은 아무도 없답니다.

【질문48】
북극 사람들도 외국으로 여행 가나요?

인터넷은 사용할 수 있을까?

휴대폰을 쓰는 건 일상적인 풍경

전기가 없을 때는 마을에 한 대 있는 무선 전화를 사용했어요. 하지만 발전 설비가 보급되면서 전화 회선도 들어왔고 2000년 무렵에는 집집마다 전화기가 놓이게 되었지요. FAX도 들어오며 통신이 크게 발달했지요. 이유는 모르겠지만 전화비는 싼 편이라 일본에 있는 가족과 몇 분씩 통화해도 한 통에 천 원이면 된답니다.

2005년 무렵부터 인터넷도 쓸 수 있게 되면서 가정마다 컴퓨터를 한 대씩 두는 것이 유행합니다. 지금은 어린이부터 노인까지 휴대 전화를 가지고 있지요.

시오라팔루크나 근처 마을을 보면 스마트폰을 가진 사람이 상당히 많답니다. 초등학생 정도 되는 아이들이 모두 휴대 전화를 가지고 다녀서 놀랐지요.

【답변48】
여행 가는 사람도 물론 있지만 많지는 않아요. 몸이 북극에 적응한 탓인지 더워서 고생했다는 이야기를 들은 적이 있어요.

오늘날 북극의 삶

카나크에 있는 파라볼라 안테나

　각 지역의 중심 마을에는 나라에서 운영하는 전화국이 있어서 손쉽게 최신 스마트폰을 구할 수 있어요. 고장 나면 수리도 맡길 수 있고요.
　북극 지역에서는 마을과 마을 사이가 50km 이상 떨어져 있어서 케이블이 아니라 인공위성을 이용한 통신 설비를 사용합니다. 그린란드 북서부 지역에는 카나크라는 중심 마을에 파라볼라 안테나가 있어요. 중계 안테나를 설치해서 주위의 작은 마을과 통신을 할 수 있지만, 인터넷 속도는 그렇게 빠르지 않아요.
　요즘에는 인터넷으로 쇼핑하는 사람도 많습니다. 다만 항공기로 배달하기 때문에 배송비가 물건값보다 비싸다는 불평을 자주 들어요.

【질문49】
전통적인 모피 옷은 어떻게 손질하나요?

125

북극 관광을 하러 갈 수 있을까?

해빙 위에서 개썰매 타기가 대인기!

관광하러 북극을 찾는 외국인은 많지 않아요.

특히 태양이 뜨지 않는 극야 기간은 춥고 깜깜해서 관광객이 거의 없답니다. 오로라를 보려고 해도 극북 지방이 아니라 오로라를 보기 쉽고 여행하기도 좋은 알래스카나 캐나다를 찾는 사람이 많아요.

하지만 요즘에는 3월 말에서 4월 말 딱 한 달 동안 개썰매 관광 투어가 열립니다. 유럽에서 온 관광객이 많은데, 한 번 열릴 때마다 5~10명 정도가 참가해요. 왜 기간 한정이냐고요? 기온이 따뜻하면서도 바다 얼음이 너무 녹지 않아 개썰매가 달리기 안전한 시기가 바로 그때거든요.

비행기가 일주일에 한 번만 뜨기 때문에 관광객은 반드시 일주일 동안 머물러야 합니다. 개썰매 투어 요금은 1주일에 천만 원 정도라고 해요.

【답변49】

기본적으로 따뜻한 집이나 텐트 안에서 부지런히 널어 말리며 손질해요. 너무 더러워졌거나 닳았으면 새로 만듭니다.

오늘날 북극의 삶

북극 인구는 늘어나고 있을까?
줄어들고 있을까?

북극곰 가죽을 말리는 사냥꾼
암컷(사진)은 2.5m 이상
수컷은 3m가 넘기도 한다.

  인구는 줄어들고 있어요. 작은 마을 중에는 인구가 계속 줄어서 마을이 통째로 없어지는 곳도 있고요.

  작은 촌락들은 원래 주변에 사냥감이 많아서 사냥의 중심지로 번창했어요. 하지만 외국과의 왕래가 잦아지며 원주민도 편리한 생활을 추구하게 되었습니다. 자급자족하는 수렵 생활이 아니라 돈을 원하게 되었지요. 물론 사냥한 고기를 주민들에게 팔 수도 있지만 충분한 수입을 얻을 수 없거든요. 주 수입원인 모피가 동물보호 활동의 영향으로 팔리지 않게 된 것도 이유 중 하나일 거예요.

  요즘에는 높은 수입을 기대할 수 있는 낚시꾼이 되어 고기잡이하는 곳으로 옮겨가 살거나 안정된 직업을 찾아 큰 도시로 이사 가는 경우가 많답니다.

【질문50】
지구 온난화로 북극곰은 멸종 위기에 처했나요?

북극 지역과 지구 온난화

해빙이 갈라지는 모습

개썰매 팀이 통째로 떠내려갈 뻔한 적도 있어요

　요즘 들어, 지구 자연환경이 맞이한 큰 변화가 주목받고 있습니다. 이제까지 우리가 사는 지구는 자연의 흐름에 따라 따뜻해지고 추워지길 반복해 왔어요. 그런데 지금은 우리 생활이 자연환경을 급속히 변화시켜 지구가 따뜻해지고 있다고 합니다.

　예를 들어 사람이 전기를 만들거나 차를 움직이기 위해 연료를 태우면 이산화탄소가 공기 중을 떠돌게 되지요. 공기 중 이산화탄소 농도가 높아지면 지구의 온도도 올라가는 거예요.

　지구가 따뜻해지면 어떤 일이 벌어질까요? 비가 더 많이 내릴지, 아니면 적게 내릴지, 산불이 늘어날지, 물고기가 잡히지 않게 될지, 우리 생활이 어떤 영향을 받을지는 아직 확실하게 알려지지 않았답니다.

　하지만 지구 온난화로 남극과 북극의 얼음이 녹아서 해수면이

【답변50】
지구 온난화만 원인은 아닙니다. 사람이 마구 사냥하는 바람에 수가 줄어든 지역도 있습니다. 오히려 북극곰이 늘어났다는 연구 결과도 있다고 해요.

오늘날 북극의 삶

관측조사 중

자동 기상 관측계가 실시간으로 북극 날씨를 전합니다

상승하고, 바다 가까운 지역이 물에 잠길 것이라고 예측되고 있어요.

북극은 지구 온난화의 영향이 가장 빨리 나타나는 지역이라고 해요. 한 연구자에 따르면 북반구에 사는 사람이 훨씬 많아서 남극보다 변화가 빠르다고 하고요.

남극은 20세기 초부터 여러 나라가 기지를 세워 연구를 시작했지만, 북극 지역 관측조사는 활발히 이뤄지지 않았습니다.

요즘 들어서야 급속히 변하는 지구 환경을 알기 위해서는 북극도 남극처럼 관측하고 조사할 필요가 있다고 생각하기 시작한 거예요. 북극 관측은 이제 막 주목받고 있어요.

【질문51】
사람이 사냥을 멈추면 동물 수가 늘어날까요?

몸으로 느끼는 북극 온난화

온난화 때문에 잡히는 물고기도 변했다

베링울프피쉬

　제가 느낀 '따뜻해진 북극'을 두 가지 소개할게요.
　첫 번째는 옛날과 비교해 바다에 얼음이 잘 얼지 않게 된 것입니다. 특히 2007년 겨울에는 심상치 않은 고온이 이어졌어요. 북극에서는 1~2월이 가장 추운 시기인데, 개썰매를 몰고 가던 중 지금까지는 깨질 리가 없던 곳에서 얼음이 강풍과 함께 갈라지며 떠내려 가버린 거예요. 저는 아슬아슬하게 육지로 도망쳤지만, 개 수십 마리는 얼음과 함께 떠내려가 버려 구할 수 없었어요.
　두 번째는 비교적 따뜻한 남쪽 바다에만 살던 물고기가 요즘에는 북부 바다에서도 잡히기 시작한 거예요. 지역 어부의 말로는 대구, 열빙어, (빛)금눈돔이 잡힌다고 해요.

【답변51】
그렇지 않아요. 바다코끼리 사냥을 막으면 바다코끼리의 먹이가 되는 바다표범 수가 줄기도 합니다. 자연계에 균형이 존재하는 거예요. 물론 마구 사냥해선 안 되지만요.

오늘날 북극의 삶

북극 쓰레기 문제

늘어나기만 하는 북극의 쓰레기

최근 북극에서 큰 사회 문제가 되고 있는 것은 쓰레기입니다.

알래스카와 캐나다 북극 지방, 그린란드와 북극에는 사람이 사는 마을이 많은 반면 쓰레기 처리장은 하나도 없거든요.

그럼 어떻게 쓰레기를 처리하냐고요? 사람이 사는 도시나 마을에서 좀 떨어진 장소에 쓰레기를 버리는 곳이 있을 뿐이에요. 그 때문에 북극 지방에서 도시나 마을 주변을 산책하다 보면 버려진 배나 자동차, 가전제품 같은 타지 않는 대형 쓰레기가 산처럼 쌓여 있는 광경을 피할 수 없습니다.

타는 쓰레기는 청소부가 태우지만 타고 남은 재도 매년 늘어나고 있어서 여름에 오는 화물선에 쓰레기를 실어 보내려는 움직임도 나타나고 있어요.

【질문52】
돌고래랑 고래는 뭐가 다른가요?

9 북극의 역사와 전통적인 삶

옛날 사람들은 북극에서 어떻게 살았을까요?
옛사람들의 지혜와 생활상을 들여다봅시다.

왜 사람들은 북극으로 갔을까?

추워도 얼지 않는 고래기름은 귀한 물건이었지

1500년부터 1800년에 걸쳐 대항해 시대가 열립니다. 영국, 네덜란드 같은 유럽 국가들이 중심이 되어 바다를 건넌 모험을 펼쳤던 시대예요. 북극도 탐험 무대가 되었답니다.

옛날 사람들이 북극으로 향한 이유는 크게 두 가지예요.

하나는 고래예요. 추워도 얼지 않는 고래기름은 램프나 초, 마가린의 원료, 기계의 윤활유, 가죽용 세제로 쓰여 왔습니다. 또 1800년대 유럽에서 유행했던 크게 부풀린 치마를 만들 때는 고래 이빨(고래수염)이 뼈대로 필요했어요.

그 때문에 사람들은 고래를 사냥하기 위해 고래가 많은 북극으로 향했던 거예요.

두 번째는 항로를 개척하기 위해서였어요. 그 당시 사람들은 유럽에서

【답변52】 ....
보통 4m보다 작으면 돌고래, 크면 고래라고 부릅니다. 생물 분류상 차이는 없답니다. 돌고래보다 작은 고래도 있어요.

북극의 역사와 전통적인 삶

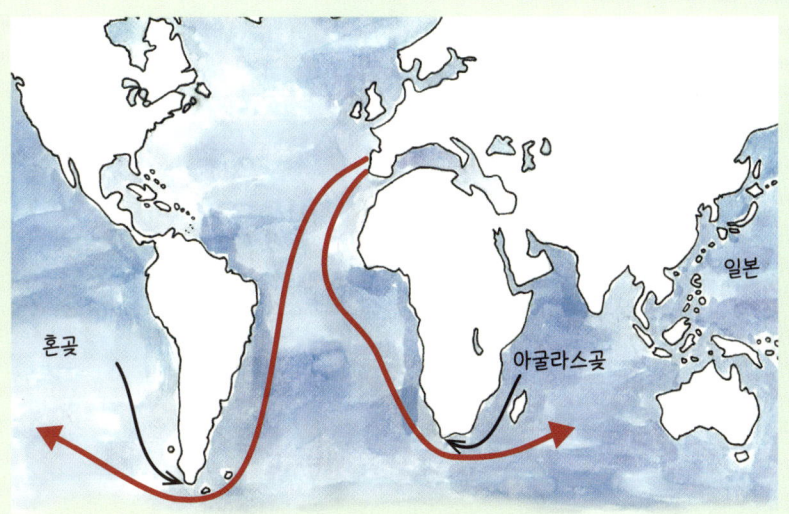

얼음이 잔뜩 떠 있는 북극해는 지나가지 못했어…….

아시아로 이어지는 지름길을 찾고 있었어요.

  옛날에는 아프리카 대륙 남쪽 끝에 위치한 아굴라스곶과 남아메리카 대륙 남쪽 끝에 있는 혼곶을 통과하지 않으면 배로 아시아까지 올 수 없었습니다. 지도를 보면 알 수 있지만, 상당히 돌아가는 길이지요. 그래서 많은 나라가 지름길을 찾기 위해 북극에 도전한 거예요.

  나랏돈으로 대탐험을 하던 시대에는 북극에 갈 때 상금도 주었다고 해요. 비싼 비행기 값을 내며 여행하고 있는 입장에선 부럽기 그지없습니다.

【질문53】
북극에 가보고 싶어요. 무엇부터 시작하면 되나요?

북극 탐험은 어떻게 이뤄졌을까?

북극 탐험에는 늘 큰 위험이 따랐습니다. 그때는 지금보다 지구 기온이 낮아서 두꺼운 해빙이 북극해를 덮고 있었어요. 게다가 지금처럼 성능 좋은 선박용 엔진도 없었지요.

얼음에 앞길이 막히거나 배가 갇혀 버려 조난당하는 사람도 많았습니다.

또, 북극에서는 신선한 채소나 과일을 구할 수 없었어요. 비타민C가 부족해서 생기는 괴혈병으로 죽는 선원도 많았습니다. 괴혈병은 몸 곳곳에서 쉽게 피가 나게 되는 무서운 병이에요.

당시에는 병의 원인을 알 수 없었기 때문에 더 무서웠을 거예요.

북극 탐험 중 일어난 비극으로 특히 유명한 것이 1845년 영국 프랭클린 탐험대를 덮친 조난이에요. 존 프랭클린 대장은 가죽 장화를

【답변53】
처음에는 여름에 오는 것을 추천합니다. 교통이 편한 지역에 직접 가보세요. 그곳에서 점점 꿈이 커질 거예요.

북극의 역사와 전통적인 삶

먹으며 살아남기도 한 경험 많은 탐험가였어요. 하지만 이 북극 탐험에서는 129명이 조난당해 모두 죽고 말았지요.

　프랭클린 탐험대를 찾기 위해 여기저기서 탐험대를 보낸 덕분에 캐나다 북극 지방과 북동부 지역의 자세한 지도가 완성되었습니다. 기쁘다고만은 할 수 없는 성과였지요.

【질문54】
북극은 눈과 얼음투성이라 눈에 띄는 표지판도 없을 것 같은데 어떻게 길을 찾아요?

북극에는 언제부터 사람이 살기 시작했을까?

옛날에는 국경도 개썰매를 타고 자유롭게 넘나들었던 이누이트 사람들

유럽에서 탐험가들이 오기 수천 년 전 먼 옛날부터 북극에는 원주민이 살고 있었어요. '이누이트'라고 불리게 되는 사람들이지요. 이누이트 족은 기후와 자연환경에 맞게 작은 가족을 꾸리고 사는 장소를 바꿔가며 생활했답니다.

예를 들어, 바다가 얼어서 바다에 사는 동물(바다표범이나 바다코끼리 등)을 잡기 어려워지는 겨울에는 따뜻한 남쪽으로 이동했지요.

하지만 외국에서 사람들이 찾아와 교류가 늘어나면서 현대적인 도시와 마을을 만들게 되었습니다. 지금은 국경이 있고, 이동하려면 여권이 꼭 필요해요.

옛날에는 그린란드 북서부 지역과 캐나다 북극 지역으로 개썰매를 타고 자유롭게 오고 갔기 때문에 캐나다에 친척과 형제가 있다는 그린란드 사람도 많답니다.

【답변54】

개들이 본능적으로 길을 알려 주지만, 안개나 눈이 심할 때는 헤매기도 합니다. 사방이 온통 새하얀 가운데 개썰매를 타고 같은 장소를 빙글빙글 돌았던 적도 있어요.

북극의 역사와 전통적인 삶

북극에서는
어떤 말을 쓸까?

\Hej der/ \Hej/ \Hello/

북극은 여러 나라에 걸쳐 있답니다. 덴마크 자치령인 그린란드에서는 덴마크 어, 캐나다나 미국 근처에서는 영어를 쓰는 등 몇 가지 언어가 함께 쓰이고 있어요.

옛날부터 사용된 원주민의 언어도 있지요. 나라마다 다른 지방에서 쓰는 말이 조금 다르듯 원주민 사이에도 방언이 있습니다.

그린란드에 사는 이누이트 친구에게 "4000km나 떨어진 알래스카 지방 사람과 말이 통해?" 하고 물으니까 어느 정도는 이해한다는 대답이 돌아왔어요. 저도 그린란드 이누이트 어(그린란드 어)를 조금 할 수 있는데, 알래스카에 갔을 때 알아들을 수 있는 단어도 많았던 기억이 납니다.

【질문55】
북극을 탐험하다가 "이제 끝이다"라고 느낀 적이 있나요?

무덤이 있나?

　북극에서는 사람이 죽으면 태우지 않고 땅에 묻어 무덤을 만들어요. 어린아이가 죽으면 죽음으로 떠나는 여행을 이끌어주라는 의미로 무덤 앞에서 개의 머리를 태우는 풍습도 있었어요.

　또 사람에게는 영혼이 두 개 있어서 죽으면 그중 하나만 영혼의 나라로 떠나고, 다른 하나는 지상에 남아 아이의 몸에 들어간다고 믿었습니다. 그래서 나중에 태어난 아이에게 죽은 이의 이름을 붙이는 관습도 있어요.

　한 번에 여러 사람이 죽으면 그 후 태어난 아이는 그 모든 사람을 이름을 받아요. 네 개, 다섯 개씩 이름이 붙어 있는 사람도 있어요. 나이를 따져 보면 태어난 해에 누가 죽었는지 알 수 있을 때도 있어요.

【답변55】
위험한 순간에는 "이제 끝이다."라고 생각할 여유도 없답니다. 살아남은 후에 무서움이 밀려올 때는 있었어요.

북극의 역사와 전통적인 삶

어떤 신을 믿을까?

왠지 모르게 귀엽죠?

투필라크

　자연에 존재하는 풀이나 흙, 돌, 동물에 정령이 깃들어 있어서 기도를 올리면 정령과 대화를 나눌 수 있고, 정령의 도움을 받을 수 있다고 믿는답니다.
　북극 생활은 날씨 같은 자연의 영향을 크게 받아요. 날씨가 나빠져서 사냥을 나갈 수 없게 되거나 사냥감을 잡지 못한 경우, 아픈 사람이 생긴 경우에도 자연에 있는 정령에게 기도를 올립니다. 제가 처음 북극을 찾았던 30년 전에는 전문적으로 기도하는 기도사도 있었답니다.
　기도사가 주술을 걸 때 사용하는 도구 중 '투필라크'가 있어요. 동물의 뼈나 뿔을 깎아서 만든 좀 무섭게 생긴 인형이에요. '이 인형을 본 사람은 저주에 걸려 죽고 만다'는 무서운 주술도 있었다고 해요.
　지금은 기념품으로 만들고 있지요.

【질문56】
북극에는 감기 균이 없어서 감기에 안 걸린다는 게 진짜인가요?

어떤 전통 악기가 있을까?

키다웃을 두들기며 노래하는 이누이트

　이누이트 사람들의 전통 악기는 북이에요. 동물 뼈로 만든 틀에 북극곰 위장이나 바다표범 가죽을 붙입니다. 그린란드 북서부 지방에서는 '키다웃'이라고 부르는데 기도를 올릴 때도 쓰였다고 해요.
　전통 노래를 부를 때도 박자를 맞추기 위해 사용합니다. 소고 같은 낮은 소리가 나지요. 북극 전 지역에 키다웃이 있어요. 알래스카 지방에서 쓰는 것은 지름이 1m나 되는데 그린란드 지방에서 쓰는 북은 50cm 이하로 작답니다. 하지만 지금은 북극 지방에도 새로운 악기가 들어왔어요. 키다웃은 민속 공예품이 되었지요.
　요즘에는 밴드를 만들어 음악가로 활동하는 젊은 사람들도 많이 있어요.

【답변56】
사실 너무 추워서 감기 균이 없어요. 하지만 외국에서 들어온 감기가 유행할 때도 있답니다.

북극의 역사와 전통적인 삶

난로가 없던 시절에는
어떻게 방 안을 따뜻하게 했을까?

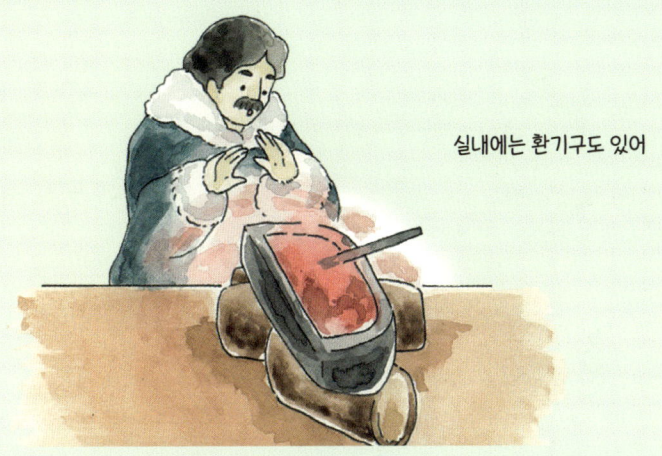

실내에는 환기구도 있어

  옛날에는 말린 토끼 똥이나 이끼를 바다표범이나 고래 지방에 적셔 연료로 썼어요. 돌을 파서 만든 접시 위에 불을 피웠지요.
  작은 돌 접시는 촛불 대신 램프로 사용했고, 폭이 40cm쯤 되는 큰 접시는 난로로 썼어요.
  지금은 돌 접시도 모습을 감추었지만, 램프용 작은 돌 접시를 다시 만들어 달라고 부탁해 실제로 써본 적이 있답니다. 의외로 화력이 강했어요. 큰 접시에 불을 피웠다면 텐트 안도 상당히 따뜻해졌을 거예요.
  여름날에 가죽으로 만든 텐트 안에서 맨몸으로 지내고 있는 사람을 찍은 옛 사진을 자주 봅니다. 다들 사우나의 원조는 핀란드라고 하지만 이누이트가 먼저 시작했다는 설도 있다고 해요.

[질문57]
이누이트 족 얼굴은 우리와 닮은 것 같아요. 왜 그럴까요?

왜 선글라스를 쓸까?

잇햣

누구에게나 맞아!

　백야 기간인 4, 5월 무렵에는 태양이 높이 떠서 눈이나 얼음에 반사되는 빛도 강렬해요. 선글라스를 끼지 않고 개썰매를 몰거나 야외 활동을 계속하면 사방에서 쏟아지는 강한 자외선 때문에 눈에 염증이 생기는 '설안염'에 걸리고 말지요.
　경험해본 적은 없지만, 눈을 뜰 수도 없을 정도로 충혈되어 며칠이나 아프다고 해요. 북극이 아닌 곳에서도 스키나 스노보드를 타거나 눈 쌓인 산을 오르는 사람이 걸리는 경우가 있답니다.
　그런 강한 자외선에서 눈을 지키기 위해 이누이트 사람들은 옛날부터 선글라스를 써왔어요. 다만 옛날에는 지금처럼 렌즈를 사용한 선글라스는 없었답니다. 동물 뼈나 물에 떠내려온 나무로 만든 '잇햣'이라는 안경을 선글라스처럼 사용했지요.

【답변57】
아주 먼 옛날 동시베리아 지방에 살았던 민족이 퍼져 일본인과 한국인, 이누이트의 조상이 되었다는 설이 있어요. 거기서 갈라져 나왔기 때문에 닮았다고 해요.

북극의 역사와 전통적인 삶

지그시

이렇게 가는 틈이지만
보일 건 다 보여

　우리가 보통 쓰는 안경에서 다리를 뗀 모양을 하고 있는 잇햣은 뼈나 나무로 만들어요. 렌즈는 사용하지 않고 양 눈이 있는 부분에 폭 1mm 정도의 긴 틈을 뚫었습니다. 끈으로 머리에 고정하지요. 가는 틈 사이로 밖을 보면 렌즈가 없어도 태양 빛에서 훌륭히 눈을 보호할 수 있답니다. 멋진 아이디어 상품이지요!
　물론 요즘에는 평범한 선글라스를 구할 수 있기 때문에 잇햣은 거의 쓰지 않지만, 공예품으로 여전히 남아 있답니다.

【질문58】
이글루는 눈인데 왜 무너지지 않나요?

옛날 북극 사람들은 일 년 내내 이글루에 살았을까?

튼튼한 이글루

　북극이나 남극을 그린 그림에 등장하는 눈으로 만든 반원형 집을 많이 보았을 거예요. '이글루'라고 한답니다.
　이글루는 가족이 살기 위한 집이 아니라 개썰매를 타고 사냥을 나갈 때 텐트처럼 이용하는 곳이에요. 사람이 누워서 잘 정도의 공간 밖에 없거든요.
　단단하게 굳은 눈을 벽돌 모양으로 깨끗이 잘라서 반원형으로 쌓아올립니다. 경험 많은 사냥꾼이라면 완성하는 데 한 시간도 걸리지 않아요. 이글루는 매우 튼튼해서 사람이 지붕에 올라가도 무너지지 않는답니다.
　물론 지금은 이글루를 쓰지 않아요. 관광객을 위해 만들어 놓는 정도이지요.

【답변58】
눈 벽돌을 쌓은 후 안을 살짝 따뜻하게 해서 눈을 녹이기 때문이에요. 녹은 눈이 자연히 다시 얼어붙으며 이글루가 튼튼해진답니다.

북극의 역사와 전통적인 삶

정말 땅을 파서
집을 지었나?

수혈식 주거의 흔적

　정말이에요. 50년 전만 해도 깊게 구덩이를 판 후 그 위에 천막이나 지붕을 씌워 만든 집에서 생활했답니다.

　지금도 바닷가 근처 여기저기에서 그 흔적을 찾을 수 있어요. 지름 2~3m 정도 되는 둥근 방이 하나 있는 구조가 많습니다. 가운데에 화덕이나 난로가 있고, 벽 쪽은 잠을 자는 공간이었다고 해요.

　원을 그리듯 돌을 쌓아 방을 만듭니다. 돌과 돌 사이는 흙이나 이끼로 틈을 메워서 열이 빠져나가지 못하게 했습니다. 밖에서 방으로 들어오기 위해서는 몇 미터에 이르는 통로를 지나야 했어요. 서서 걸어 들어오는 것이 아니라 한 사람만 지나갈 수 있는 좁은 통로를 기어들어 오는 거예요. 차가운 바깥 공기로부터 방을 따뜻하게 지키기 위한 구조였지요.

【질문59】
모피를 입으면 어떤 느낌이에요?

옛날엔 어떤 차림새를 했을까?

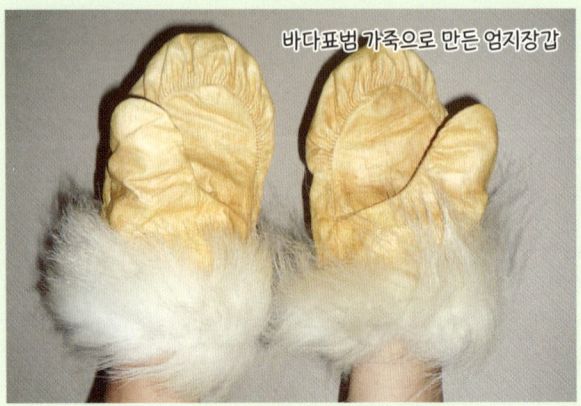

바다표범 가죽으로 만든 엄지장갑

손가락이 서로 맞닿아서 따뜻해

　가죽으로 만든 방한구는 추운 북극에서 지내기 위한 필수품입니다. 북극곰(흰곰), 순록(카리부), 사향소, 늑대, 토끼, 여우, 바다표범 같은 동물 모피를 이용해 추위를 막기 위한 파카, 바지, 장갑, 구두를 만들지요.
　추운 북극에서도 몸을 쓰는 일을 하면 땀이 흐른답니다. 요즘에는 흘린 땀을 옷 밖으로 내보내 주는 최첨단 소재도 있지만, 엄청난 추위 속에서는 땀이 밖으로 나가기 전에 옷 안에서 서리가 되어 꽁꽁 얼어붙어 버려요. 하지만 가죽옷을 입으면 추위 속에서도 땀이 밖으로 잘 빠져나가서 얼어붙을 걱정 없이 온기를 보존할 수 있지요.
　특히 빼놓을 수 없는 것이 장갑이에요. 추위 속에서 맨손으로 작업하면 위험하기 때문에 가죽으로 만든 엄지장갑을 껴요. 엄지장갑은 어린이들이 많이 쓰지만, 북극에서는 어른도 사용해요.

【답변59】
담요를 덮은 것처럼 아주 따뜻해요. 가죽으로 된 방한복 밑에 또 옷을 입기 때문에 따갑지 않아요.

북극의 역사와 전통적인 삶

 손가락장갑과 달리 손가락 네 개가 서로 맞닿기 때문에 따뜻하지요. 장갑 낀 손으로 가는 끈도 멋지게 묶는답니다.
 지금도 밖에서 생활하는 전문 사냥꾼들에게는 가죽으로 만든 방한복이 필수품이에요. 북극 지방의 전통 의상은 가죽옷이기 때문에 잔치나 결혼식, 장례식 때도 예의 바른 차림이 되지요. 하지만 동물보호가 중요해지며 가죽을 방한복으로 쓰기 힘든 시대가 되었어요. 북극 사람들이 가죽을 쓸 수 없게 되는 날이 그리 멀지 않았을지도 모릅니다.

【질문60】
'이누이트 아치'는 무슨 뜻인가요?

옛날 어린이들은
어떤 놀이를 하고 놀았을까?

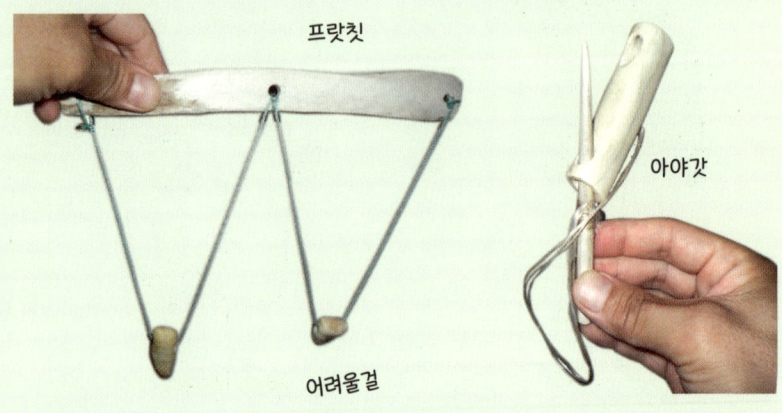

옛날 어린이들이 가지고 놀았던 대표적인 장난감으로 '아야갓'과 '프랏칫'이라는 것이 있어요.

'아야갓'은 동물 뼈나 이로 만든 장난감이에요. 끝을 뾰족하게 깎은 10~15cm 길이에 두께 0.5~1.0cm 정도의 봉과 양 끝에 큰 구멍을 뚫은 10cm 길이에 두께 2.5cm 정도의 봉을 15~20cm 끈으로 연결합니다.

끝이 뾰족한 봉을 손에 들고, 끈으로 연결된 다른 봉의 구멍에 넣으며 가지고 논답니다.

'프랏칫'은 지혜의 고리 같은 놀이 도구로 동물 뼈나 뿔, 이를 깎아서 만들어요. 요즘에는 가지고 노는 아이들이 적어 팽이치기 같은 추억의 놀이가 되었어요. 관광객이 기념품으로 사가는 민속 공예품이지요.

【답변60】
'인간답게 살아. 건강해.(안녕)'이라는 의미입니다. 다만 손아랫사람이 손윗사람에게 건네면 무례한 말이기 때문에 조심해야 해요.

북극의 역사와 전통적인 삶

옛날 사람들도 텐트를 썼나?

고래 뼈로 만든 텐트 뼈대

　이누이트 사람들도 텐트를 썼어요. 우리가 캠핑할 때 쓰는 것처럼 제대로 된 텐트는 아니고, 고래 같은 동물 뼈나 물에 떠내려온 나무로 기초 골격을 만든 후 바다표범이나 순록 같은 동물 가죽을 몇 장씩 빈틈없이 덮어 만든 원시적인 것이었지요.

　소수로 이동하며 생활했던 민족이라 짧은 시간에 간단히 조립할 수 있는 텐트가 편리했을 거예요. 하지만 바람이 강한 날은 텐트에서 지내기 추워서 주로 여름에 간이 주택(여름 캠프용 등)으로 쓰는 일이 많았다고 해요.

　처음 북극에 찾았을 무렵에는 이미 가죽 텐트가 자취를 감춘 후였어요. 튼튼한 캔버스 천을 이용한 텐트를 직접 만들었지요. 지금은 수입산 캠핑용 텐트를 쓰는 사람이 많아요.

【질문61】
'훈닛'은 어떤 의미인가요?

사람들은 어떻게 서로 어울려 지낼까?

　서로가 서로의 집을 방문하는 '프랏토'라는 풍습이 있습니다. 작은 마을 안에서 말 그대로 가벼운 마음으로 훌쩍 대문을 열고 서로 놀러 다니는 거예요.

　시골에서는 잠깐 근처를 외출할 때 문을 잠그지 않습니다. 요즘에는 문을 두드리는 사람이 많아졌지만, 예전에는 갑자기 문을 열고 "안녕!" 하고 인사했어요.

　차나 커피를 마시며 과자를 먹고 이야기를 나누는 것이 프랏토이지만, 수렵 생활이 중심이었던 옛날에는 정보를 주고받는 자리가 되기도 했답니다. 지금이야 휴대 전화로 다른 마을과 간단히 연락을 주고받을 수 있지만, 옛날에는 개썰매를 타고 다니며 이동하는 사냥꾼이 다양한 정보나 소문을 들려주었대요. 그런 의미에서도 프랏토는 소중한 관습이에요.

【답변61】
'뭐, 괜찮아. 어떻게든 될 거야'라는 의미로 사고 등을 당했을 때 이누이트 사람들이 잘 쓰는 말입니다. 저도 아주 좋아하는 말이에요.

북극의 역사와 전통적인 삶

썰매를 만드는 모습

    요즘에는 회사나 학교 때문에 시간을 따지지만, 수렵 생활 중심이었던 옛날에는 제가 지내는 곳에도 사람들이 이른 아침이든 늦은 밤이든 따지지 않고 찾아왔던 추억이 있습니다.
    저 외국인은 뭘 하고 지내나, 어떤 물건을 가지고 있나, 무얼 먹나 하는 것에 흥미가 생겨서 탐색하러 왔을 거예요.
    어떤 날은 썰매를 만들며 프랏토를 하러 몇 명이나 왔나 세어 봤더니 점심부터 저녁까지 아홉 명, 아이도 합치면 열세 명이 온 적도 있었습니다. 그때마다 저는 작업을 멈추고 차를 마셨어요. 휴식 시간이 끊이지 않았죠.
    이처럼 프랏토 풍습은 지금도 꿋꿋이 남아 있답니다.

153

북극에 가기 전에는 무슨 일을 했어요?

고등학생 때 우에무라 나오미라는 모험가가 쓴 책을 읽고 감동 받았어요. 나도 이런 모험가가 되고 싶어! 그 후로 훈련을 시작했지요.

열여덟 살이 되던 해 도쿄에서 교토까지 750km를 14일 동안 걸어갔습니다. 열아홉 살 때는 아마존 강에서 뗏목을 타고 5000km 이동하기에 도전했어요. 하지만 뗏목이 급류에 휘말려 뒤집어지는 바람에 보기 좋게 실패했지요. 스무 살 때 재도전해서 44일에 걸쳐 성공했답니다.

스물한 살 때는 바라고 바라던 북극에 갔어요. 얼음으로 덮여 있는 그린란드를 종단할 예정이었는데 예상을 뛰어넘는 추위에 꼼짝달싹도 못하게 되어 실패했습니다. 북극을 알기 위해 이누이트 족의 제자가 되었어요. 서른 살이 되었을 때 개썰매를 타기 시작했지요.

개썰매 탐험가는 어떤 사람?

개썰매로 돈을 벌 수 있어요?

솔직히 말하면 일은 있지만, 돈은 되지 않아요.

연구자부터 시작해 관광객, TV 취재, 모험가 등 다양한 사람들이 북극을 찾아오고 있습니다. 그런 사람들을 개썰매에 태워 안내하거나 도와주기 때문에 일은 어느 정도 있어요. 영하 30도, 40도까지 내려가는 혹독한 겨울에는 경험이 있는 사람과 함께 일해야 하거든요.

하지만 북극에서 내는 집세나 전기세 같은 생활비와 개에게 줄 사료값 같은 활동 자금이 필요하기 때문에 큰돈은 벌지 못한답니다.

북극 생활에 필요한 돈은 모두 스스로 마련하고 있어요. 돈을 벌기 위해 하는 일은 아니에요. 일본에서 오는 연구자들에게 도움이 되고 싶고, 개썰매를 비롯한 원주민의 전통문화를 지키고 싶다는 마음으로 계속하고 있답니다.

가족은 어떻게 지내요?

"결혼했어요?" "일 년의 반을 북극에서 보내는데 가족은 괜찮아요?" 이런 질문을 자주 받아요. 매년 일 년의 반을 북극에서 보내고, 일본에 있는 동안에도 집을 비우는 일이 많은 생활을 하니 가정을 이루는 것이 쉽지 않지요.

하지만 실은 두 아이의 아버지랍니다. 집에는 아내와 여섯 살 장남, 세 살 된 딸(2018년 9월 시점)이 있어요. 아내는 전 남극 지역 관측대 대원이었어요. 남극에서 만났지요. 일본 남극 관측대는 쇼와기지라는 곳에 거점을 두고 약 60명의 대원이 활동하고 있습니다. 월동대는 약 1년 3개월 동안 활동하고 다음 조와 교대하지요. 일을 넘겨받는 교대 작업(월동 교대)을 하는 몇 개월 동안은 두 월동대가 함께 보냅니다. 그때 지금 아내를 만났습니다. 제가 참가한 것이 46차대이고 아내는 그보다 앞선 45차대 대원이었어요.

교대 작업이 끝나고 45차대를 태운 관측선 '시라세'가 일본으로 돌아가기 직전 아내는 저에게 이렇게 말했습니다.

"1년 후 당신이 돌아오면 결혼하고 싶어."
청혼을 받은 거예요!

개썰매 탐험가는 어떤 사람?

당연히 알았다고 대답했지만, 그 말을 완전히 믿지는 않았습니다. 그런데 관측선 시라세가 쇼와기지를 떠난 그다음 날부터 매일 메일이 왔어요.

반년이 지난 어느 날, 일본에서 쇼와기지로 이런 내용이 담긴 메일이 도착했습니다.

"오늘은 양가 부모님이 서로 인사 나누셨습니다."

저는 놀랐지만, 그때까지도 진짜로 일어나는 일이라고는 생각하지 않았어요.

그로부터 다시 반년이 지나 남극 기지 임무가 끝나고 귀국할 날이 가까워져 오던 때, 다시 메일이 왔습니다.

"오늘은 결혼식장을 정했어요."

이때는 저도 결심을 굳히고 일본으로 돌아와 결혼했습니다. 하지만 혼인 신고를 한 4개월 후에는 혼자 북극으로 나섰지요.

아내는 북극 활동을 이해하고 응원해줍니다. 처가 부모님도 북극 활동을 지켜봐 주고 계시고요. 정말 행복한 환경이지요.

다만 요즘엔 아내도 아이들을 더 귀여워하는 것 같아요. 언제 저를 잃어버릴지 몰라 매일 조마조마하며 보내고 있답니다.

157

맺음말

　북극 모험이나 탐험, 기행을 소개한 책은 많이 있지만, 어린이들이 즐겁게 읽을 수 있는 책은 생각처럼 많지 않습니다.
　초등학생 어린이 눈높이에서 즐길 수 있는 북극 책을 써보고 싶다고 전부터 생각해오던 중 생각지도 못한 출판 제의를 받았습니다. 그림과 사진을 풍부히 사용해 화려하고 멋진 책이 만들어졌습니다. 페이지를 넘기기만 해도 북극의 분위기가 전해지는 듯합니다.
　북극에는 원주민들이 가혹한 자연을 견디며 살아온 수천 년의 역사가 있습니다. 그들의 생활상도 다루니 더욱 매력적인 책이 되었습니다.

　북극에서 활동을 시작하고 30년이 지났습니다. 쉰이라는 전환점을 멋진 형태로 남길 수 있었던 것도 출판사 덕분입니다.

　자연현상과 식물 이름은 북극 관측 조사를 동행했던 연구자이자 친구인 마토바 스미토 선생님, 다케우치 노조무 선생님, 니와노 마사시 선생님, 호시노 다모쓰 선생님의 조언을 받았습니다. 진심으로 감사드립니다.

또, 북극 활동을 응원하고 지원해주신 모든 분들, 북극의 스승인 이누이트 여러분, 이 책을 집어 든 모든 분들, 마지막으로 이 나이가 되어도 북극에서 꿈을 좇는 나의 버팀목이 되어주는 가족들에게 감사 인사를 전하고 싶습니다.

저에게는 두 개의 큰 꿈이 남아 있습니다. 하나는 그린란드 북서부 지역과 일본 지역을 자매 도시로 묶어서 교류를 이어가는 것. 다른 하나는 북극 고위도 지방에 일본 관측 시설을 설치하는 것입니다.

일본과 북극의 관계를 다음 세대로 이어가고 싶습니다. 저의 북극 활동도 여전히 현역 개썰매대와 함께 이어가고 있습니다. 앞으로도 잘 부탁드립니다.

야마사키 데쓰히데

야마사키 데쓰히데(山崎哲秀)

1967년 10월 효고 현 출신. 오사카 부 다카쓰키 시에 사는 두 아이의 아버지입니다. 1989년부터 북극권 (주로 그린란드)을 원정하며 그린란드 북서부 이누이트식 개썰매술과 수렵 기술을 전승 받았습니다. 현재는 개썰매를 이용한 북극권 관측조사인 '아반나트 북극권 환경조사 활동'을 이어가고 있습니다. 그린란드 북서부 지방과 일본 지역의 자매도시 연대를 위해서도 활동 중입니다.

(일반사단법인) 아반나트 북극 프로젝트 대표이사
(일반사단법인) 북극관찰지원기구 이사
(공익사단법인) 일본설빙학회회원. 북극클럽회원. 남극클럽회원
2009년 제4회 몽벨 챌린지 어워드 수상
2011년 국제소롭티미스트 일본재단, 환경공헌상 수상

송지현

한국외국어대학교 일본어과 졸업, 동 대학교 일반대학원 일어일문학과 석사 과정을 수료하였습니다. 2011년 일본으로 가 도쿄대학 대학원 인문사회계연구과(일본문화연구 전공) 석사 학위를 받았습니다. 현재 일본에 머물며 좋은 어린이 책을 번역·소개하고 있습니다. 번역한 책으로『0~1세 아기 교육-머리 좋은 아이로 키우는 구보타 할머니의 뇌과학 육아 비법』,『곤충들의 축제』,『올빼미 연구 노트』,『조사하고 비교하고 기억하는 힘이 생기는 똥 도감』,『세상 모든 게 궁금한 너를 위한 어린이 철학 카페』등이 있습니다.

개썰매 탐험가가 들려주는 신비로운 북극 세계
북극에 가 본 적 있나요?

야마사키 데쓰히데 글 | 송지현 옮김

1판 1쇄 발행 | 2021년 12월 30일
펴낸이 | 최용선   펴낸곳 | 도서출판 북뱅크
등록 | 제 1999-6호(1999. 5. 3)
주소 | 21453 인천광역시 부평구 백범로 478 종근당빌딩 501호
전화 | (032)434-0174 / 441-0174   팩스 | (032)434-0175   이메일 | bookbankbb@naver.com
페이스북 | https://www.facebook.com/bookbankbooks   인스타그램 | @bookbank_books
홈페이지 | bookbank-books.com
ISBN 978-89-6635-129-9 73830

이 도서의 국립중앙도서관 출판시도서목록(CIP)은 e-CIP 홈페이지(http://www.nl.go.kr/ecip)와
국가자료공동목록시스템(http://www.nl.go.kr/kolisnet)에서 이용하실 수 있습니다.
(CIP 제어번호 : CIP2020953750)

KC **품명:** 아동도서 **제조년월:** 2021년 12월 30일 **사용연령:** 10세 이상 **제조자명:** 도서출판 북뱅크
제조국: 대한민국 **연락처:** (032)434-0174 **주소:** 21453 인천 부평구 백범로 478 501호
주의사항: 종이에 베이거나 긁히지 않도록 주의하세요. 책 모서리가 날카로우니 던지거나 떨어뜨리지 마세요.
KC마크는 이 제품이 공통안전기준에 적합하였음을 의미합니다.